T0194789

essentials

essentials liefern aktuelles Wissen in konzentrierter Form. Die Essenz dessen, worauf es als „State-of-the-Art" in der gegenwärtigen Fachdiskussion oder in der Praxis ankommt. essentials informieren schnell, unkompliziert und verständlich

- als Einführung in ein aktuelles Thema aus Ihrem Fachgebiet
- als Einstieg in ein für Sie noch unbekanntes Themenfeld
- als Einblick, um zum Thema mitreden zu können

Die Bücher in elektronischer und gedruckter Form bringen das Expertenwissen von Springer-Fachautoren kompakt zur Darstellung. Sie sind besonders für die Nutzung als eBook auf Tablet-PCs, eBook-Readern und Smartphones geeignet.

essentials: Wissensbausteine aus den Wirtschafts, Sozial- und Geisteswissenschaften, aus Technik und Naturwissenschaften sowie aus Medizin, Psychologie und Gesundheitsberufen. Von renommierten Autoren aller Springer-Verlagsmarken.

Sieglind Chies

Change Management bei der Einführung neuer IT-Technologien

Mitarbeiter ins Boot holen – mit angewandter Psychologie

 Springer

Sieglind Chies
Managementberatung
Winterthur
Schweiz

ISSN 2197-6708   ISSN 2197-6716 (electronic)
essentials
ISBN 978-3-658-11634-7   ISBN 978-3-658-11635-4 (eBook)
DOI 10.1007/978-3-658-11635-4

Die Deutsche Nationalbibliothek verzeichnet diese Publikation in der Deutschen Nationalbiblio-
grafie; detaillierte bibliografische Daten sind im Internet über http://dnb.d-nb.de abrufbar.

Springer

Gedruckt auf säurefreiem und chlorfrei gebleichtem Papier

Springer Fachmedien Wiesbaden ist Teil der Fachverlagsgruppe Springer Science+Business Media
(www.springer.com)

Was Sie in diesem Essential finden

- Es wird eine Übersicht der verschiedenen Phasen aufgezeigt, die die Einführung einer neuen ERP-Technologie prägen.
- In der Folge wird ein Modell für den arbeitspsychologischen Umgang mit Veränderungen vorgestellt.
- Die daraus resultierenden vier Kernthemen von Veränderungsmanagement werden in Bezug zu konkreten Beispielen aus der ERP-Einführungspraxis gestellt und mit weiterführenden arbeitspsychologischen Modellen und Maßnahmen verbunden.
- Am Ende eines jeden Kernthema-Kapitels werden zentrale Fragen dazu aufgeführt.

Abgrenzung zum sogenannten „iterativen Vorgehen" (Scrum-Methode)
Dieses Essential orientiert sich schwerpunktmäßig an der Wasserfall-Methode. Bei dieser Vorgehensweise wird der gesamte Projektablauf Monate oder gar Jahre im Voraus geplant. Beim sogenannten iterativen Vorgehen wird ein von den Phasen vergleichbarer Ablauf wiederholt in kurzen Zyklen durchlaufen. Meistens dauert ein Zyklus wenige Wochen und beinhaltet alle klassisch bekannten Projektphasen. Deshalb können Aussagen zu den Phasen auch für die iterativen Vorgehensweisen übernommen werden.

Inhaltsverzeichnis

Einleitung 1

Wenn wir all diese Erfahrungen vorher gehabt hätten, hätten wir es so viel besser gemacht ... und so viele Fehler vermieden.

Dies ist die typische Aussage eines haareraufenden Geschäftsleiters, nachdem die Einführung eines ERP-Systems (Enterprise-Resource-Planning) den zeitlichen und finanziellen Rahmen deutlich überschritten hat.

Hätte er vor der Einführung der oben genannten IT-Technologie über weiterführendes Wissen verfügt, so hätten tatsächlich viel Geld und Zeit gespart und Leiden vermeiden werden können.

1.1 Zusammenspiel von Technik und Psychologie ist dringend notwendig

Wird eine IT-Technologie eingeführt, so sind Informatiker, Business-Engineers und Techniker maßgebend im Einsatz. Diese Personengruppe neigt dazu, harte Fakten zu betrachten und psychologische Aspekte auszublenden oder sie mit ihrer „selbstgestrickten" Psychologie zu betrachten. Psychologen verstehen auf der anderen Seite häufig nur wenig von ERP-Systemen. Beide Seiten stützen sich auf die Instrumente ihrer Mutterwissenschaften (Bungard 2005, S. 20), bewegen sich innerhalb verschiedener Realitäten und bilden Parallelwelten. Entscheidend für eine erfolgreichere Implementierung eines ERP-Systems ist die tatsächliche Integration von technischem und psychologischem Wissen. Mit diesem Essential soll ein Beitrag in diese Richtung geleistet werden.

© Springer Fachmedien Wiesbaden 2016
S. Chies, *Change Management bei der Einführung neuer IT-Technologien,*
essentials, DOI 10.1007/978-3-658-11635-4_1

Definition ERP-System

ERP stammt von „Enterprise-Resource-Planning". Dabei handelt es sich um modular aufgebaute Software-Lösungen, die Prozesse eines Unternehmens abbilden und alle wichtigen Unternehmensfunktionen wie Rechnungswesen, Logistik, Produktion und Personal im Rahmen einer gemeinsamen unternehmensweiten Datenbasis abbilden und integrieren. In der Folge sollen Planung und Controlling im gesamten Unternehmen wesentlich erleichtert werden. ERP-Systeme versprechen damit große Effizienzsteigerungen für Unternehmen. Dazu gehören zum Beispiel reduzierte Lagerbestände, kürzere Intervalle zwischen Bestell- und Bezahlungsvorgängen, weniger administratives Personal oder ein besserer Kundenservice. Mit einer neuen ERP-Implementierung können zudem parallel betriebene Altsysteme abgelöst werden, kann die Datenbasis verbessert werden und lassen sich Betriebs- und Wartungskosten reduzieren. Insgesamt soll eine ERP-Implementierung die Wettbewerbsfähigkeit verbessern und schneller wesentliche Informationen für strategische Entscheidungen ermöglichen (Kohnke 2005, S. 38).

2.1 Phasen der Einführung eines neuen ERP-Systems

ERP-Systeme werden in der Regel in den folgenden Phasen eingeführt.

Auch bei kleineren IT-Tools kann von vergleichbaren Phasen oder einer Auswahl daraus ausgegangen werden. Vergleichbare Auswirkungen auf die Organisation und die „End User" sind auch dann vorhanden.

© Springer Fachmedien Wiesbaden 2016
S. Chies, *Change Management bei der Einführung neuer IT-Technologien,*
essentials, DOI 10.1007/978-3-658-11635-4_2

Die in Tab. 2.1 dargestellten Aktivitäten können in Anlehnung an Olsen (2015) und an Böhnke et al. (2005, S. 173) den Phasen zugeordnet werden, dies ohne Anspruch auf Vollständigkeit:

Tab. 2.1. Phasen eines ERP-Einführung mit entsprechenden Inhalten

Project Preparation	Blueprint	Realization	Final Preparation	Go live & Support

Projektstart

Es wird geklärt, wieso eine neue IT-Technologie vonnöten ist

Eine Vision wird aufgezeigt

Ziele werden klar, kurz und unmissverständlich benannt. Erwartete Ergebnisse sind definiert. Sämtliche bisher involvierte Stellen und Mitarbeiter haben diese Ziele verstanden

Der Steuerungsausschuss wird festgelegt

Der richtige Anbieter eines Tools wird ausgewählt. Dieser bringt die richtigen Berater mit

Definition der Projektorganisation

Eine idealerweise interne Projektleitung wird ernannt

Projektmitarbeiter aus möglichst vielen Sparten und Bereichen (Business) und der IT-Abteilung werden ausgewählt. Diese kennen den operativen Arbeitsprozess sehr gut, wissen, welche Abläufe das bestehende System gut abdeckt und wo es seine Grenzen hat

Rollen der Projektmitglieder sowie Eskalationsebenen werden festgelegt

Kommunikationswege werden definiert

Vorstudie

Verschiedene Manager der Organisation werden anhand strukturierter Interviews befragt, um einen optimalen ersten Einblick in die Organisation zu erhalten. Es geht in der Folge darum, das Geschäft mit seinen zentralen Prozessen zu verstehen, von der Kundenbestellung bis zur Rechnungsstellung. Zudem ist es wichtig zu wissen, wo das bestehende System die aktuellen Anforderungen nicht mehr erfüllt

Mit dem Top-Management werden langfristige strategische Ziele diskutiert. Die künftigen Bedürfnisse der Organisation und die Grenzen der neuen IT-Technologie werden miteinander in Beziehung gesetzt und so weit wie möglich aufeinander abgestimmt

Für das neue System werden bereits mögliche Lösungen identifiziert

Es werden Risiken vorweggenommen, die die fristgerechte Einführung des neuen Tools gefährden könnten, wie z. B. geplante Abwesenheiten wichtiger Projekt-Team-Mitglieder, schlechte Qualität von Stamm- und Transaktionsdaten

Planung

Grundsätzlich wird nach gängigen Projekt-Management-Methoden vorgegangen

Eine konkrete Planung mit den zentralen Meilensteinen (High-Level-Plan) wird erstellt

Im Projektplan sind Budget-, Arbeits- und Einsatzplan vorhanden

Der offizielle Start erfolgt durch eine Kick-off-Veranstaltung

Tab. 2.1. (Fortsetzung)

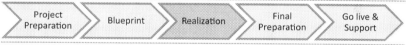

| Project Preparation | Blueprint | Realization | Final Preparation | Go live & Support |

Die *Stammdaten* werden geprüft

Definition zentraler Geschäftsprozesse: Es werden klar geführte Blueprint-Workshops abgehalten. Dabei kommen zentrale Kenner des operativen Business-Alltags einzelner Geschäftsbereiche, interne IT-Fachleute sowie externe Anbieter der neuen IT-Technologie zusammen

Es werden zentrale Prozesse sowie übergeordnete Abläufe aufgezeigt, die in der Vorstudie von den externen Beratern erfasst wurden. Diese Prozesse werden mit den Projektmitarbeitern anhand konkreter Fallbeispiele durchgespielt

Die internen Projektmitarbeiter schildern den externen Fachleuten die bestehenden Prozesse/Arbeitsabläufe im Detail und bringen dabei die nötigen Ergänzungen oder Korrekturen in Bezug auf die bestehenden Prozessschritte an

Die internen Projektmitarbeiter lassen sich mögliche künftige Abläufe im Rahmen der neuen IT-Technologie schildern und benennen ihre künftigen Prozessbedürfnisse

Es wird abgeklärt, wo Schnittstellen zu nicht austauschbaren alten Systemen der Organisation entstehen

Es wird entschieden, wo bisherige, für die Organisation typische, teilweise historisch gewachsene Arbeitsabläufe beibehalten und durch eine maßgeschneiderte IT-Lösung (customized) abgedeckt werden. Und es wird festgelegt, wo alte Prozesse durch bewährte Abläufe des neuen IT-Tools ersetzt werden (best practice). Die neue Prozesslandschaft wird umfassend definiert (Design)

Am Ende sind alle zukünftigen Prozesse in schriftlicher Form (also dem Blueprint) aufgeführt. Die Qualität dieses Dokuments ist maßgebend für den weiteren Verlauf des Projektes

| Project Preparation | Blueprint | Realization | Final Preparation | Go live & Support |

Programmierung

Es werden Lösungen für noch offene technische Probleme gesucht. Schnittstellen zu bestehenden, nicht ersetzbaren System werden dabei ebenfalls berücksichtigt und angepackt

Die Detailplanung kann durchgeführt werden

Das neue IT-System wird gemäß dem Blueprint programmiert

End User-Rollen werden definiert

Aus Sicherheitsgründen können nicht alle Benutzer des künftigen Systems sämtliche Funktionen nutzen. So sollte beispielsweise ein Verkäufer nicht gleichzeitig als Controller tätig sein (Segregation of Duty)

Deshalb werden Job-Rollen definiert und mit entsprechenden Berechtigungen versehen. Es wird festgelegt, welche Prozessschritte zu einer Job-Rolle zusammengefasst werden

Tab. 2.1. (Fortsetzung)

Die Key-User-Rollen werden eingeführt und zugeteilt
Für jede Job-Rolle ist mindestens ein Key User zuständig, der die jeweilige Job-Rolle besonders gut kennt
Key User sind in der Regel Schlüsselpersonen aus dem operativen Geschäft, die bisher als Projektmitglieder wichtiges Wissen zum neuen System gesammelt haben
Sie werden nach der Einführung der IT-Technologie die erste Anlaufstelle für End User sein, die Probleme mit dem neuen System haben (First Level Service). Können die Key User Probleme der End User nicht lösen, so wenden sie sich an die IT-Abteilung (Second Level Support)
Key User werden durch die GPDs geschult (GPD = Global Process Developer)
Die End-User-Rollen werden zugeteilt
Das Projektteam teilt die neu definierten End-User-Rollen in Absprache mit der Linie den konkreten möglichen End Usern zu
End-User-Training wird vorbereitet
Damit die End User das neue System rechtzeitig bedienen können, wird die entsprechende Schulung frühzeitig geplant
Für den Gebrauch der neuen IT-Technologie werden Anleitungen verfasst (User Manuals), die didaktisch klar gestaltet sind. Pro Job-Rolle entsteht ein User Manual
Verfasser der User Manuals sind in der Regel die Global Process Developers (GPDs). Dabei handelt es sich meist um IT-Fachleute, die in der Blueprint-Phase einen maßgebenden Beitrag geleistet haben
Übersetzungen der User Manuals in verschiedene Sprachen werden – wo nötig – durch die Key User getätigt oder organisiert
Die Key User bereiten sich darauf vor, die End User zu schulen
Wichtig ist eine genaue Gesamtorganisation für die End-User-Schulung (Wer? Wo? Wann? Via Konferenzschaltung oder lokal?)
Testen
Ziel ist es zu prüfen, ob die in der Blueprint-Phase festgelegten Prozesse funktionieren. Dabei wird ein Alltag mit möglichen Testszenarien simuliert, wie sie im Geschäftsalltag anzutreffen sind
Stamm- und Bewegungsdaten werden in das neue IT-System übertragen und sind ein wichtiger Bestandteil der Testphase. Spätestens hier zeigt sich, ob sie qualitativ ausreichend sind oder überarbeitet werden müssen
Zuerst werden zentrale Prozesse durchgespielt, dann erfolgt eine Erweiterung auf weitere Abläufe und zusätzliche Regionen. Schließlich wird die Prozesslandschaft durchgehend geprüft. Legale Einschränkungen sind dabei für einzelne Länder zusätzlich zu berücksichtigen
Die neu entwickelten Funktionen werden idealerweise durch interne Mitarbeiter getestet, die wertvolles Wissen für die Zeit nach dem „Go live" sammeln können. Dazu gehören unbedingt die Key User

Tab. 2.1. (Fortsetzung)

Project Preparation	Blueprint	Realization	Final Preparation	Go live & Support

End-User-Schulung

End User werden von den Key User geschult. Dies geschieht entweder physisch im gleichen Raum oder virtuell. Dabei wird konkret mit dem neuen System trainiert

Diverse Vorbereitungen

Die künftige Unterstützung durch die IT-Abteilung wird definitiv sichergestellt. Es wird festgelegt, welche IT-Fachleute (Second Level Support) die Key User unterstützen, falls diese mit ihrem First Level Support nicht erfolgreich sind

Die Organisation wird auf künftige Veränderungen (positive und einschneidende) vorbereitet

Letzte Veränderungswünsche werden entweder umgesetzt, auf die Zeit nach dem Go live verschoben oder ganz abgelehnt

Zentrale Personen werden darauf vorbereitet, dass die Belastung nach Go live erhalten bleibt. Die gesamte Belegschaft wird auf mögliche Gewinne und Frustrationen vorbereitet

Unterstützung nach dem Go live (Hypercare-Phase) wird organisiert

Was ist der alternative Plan, falls das neue System nicht funktioniert? Das „Fall-Back-Szenario" wird geplant

Der Übergang vom alten zum neuen System (Cutover) wird geplant

Project Preparation	Blueprint	Realization	Final Preparation	Go live & Support

Das System wird aufgeschaltet

Letzte offene Baustellen werden gelöst

Der Hypercare-Support steht bereit

Das Notfall-Szenario (Fall-Back-Szenario) steht für die erste kurze Zeit bereit, falls das neue System nicht funktioniert

Es finden Prozessbegehungen statt

Produktive Geschäftsprozesse werden geprüft und an betriebswirtschaftlichen Erfolgskennzahlen festgemacht

Change Management 3

3.1 Die Einführung einer neuen IT-Technologie ist ein Change-Projekt

Gemäß Stolzenberg und Heberle (2009, S. 2) werden Veränderungen in Organisationen immer mindestens einer der drei folgenden Ebenen zugeordnet:

* der Aufbauorganisation bzw. -struktur (neue Abteilungen, Zusammenführung bestehender oder Auflösung alter Abteilungen),
* der Ablauforganisation (neue Prozesse und damit verbunden neue Rollen), oder
* dem soziale Gefüge, wodurch das soziale Verhalten verändert wird (neue Arbeitskultur, andere Führungswerte, Verteidigung von alten „Pfründen").

Neue IT-Technologien werden in der Regel als Verantwortungsbereich der Informatikabteilung betrachtet. Entsprechend werden sie oft fälschlicherweise als IT-Projekte bezeichnet: Je mehr neue oder veränderte Arbeits- oder Prozessschritte eine neue IT-Technologie umfasst, umso angebrachter ist es, eine solche Technologie-Einführung als Businessprojekt und als Change-Projekt zu betrachten, werden doch dadurch Geschäftsprozesse über Organisationsbereiche und Ländergrenzen hinweg vereinheitlicht, sozusagen harmonisiert. Das elektronische zentrale Nervensystem einer Organisation wird dementsprechend neu strukturiert. Dies hat grundlegende Auswirkungen, die sowohl im operativen Alltag als auch auf oberster, strategischer Führungsebene spürbar werden. Die Einführung eines neuen ERP-Systems tangiert häufig alle drei Ebenen, wenn auch in unterschiedlichem Ausmaß. Es werden Prozesse neu definiert, was klare Auswirkungen auf das Organigramm und die Kultur eines Unternehmens hat.

© Springer Fachmedien Wiesbaden 2016
S. Chies, *Change Management bei der Einführung neuer IT-Technologien,*
essentials, DOI 10.1007/978-3-658-11635-4_3

3.2 Definition Change Management

Es gibt zahlreiche Definitionen zu Change Management sowie Abgrenzungen gegenüber Organisationsentwicklung. In Bezug auf die Einführung von ERP-Systemen definiert Kohnke (2005, S. 52) diesen Begriff wie folgt:

> Unter Change Management soll die Steuerung von tief greifenden, geplanten Veränderungen in Organisationen verstanden werden.
> • Change Management bezieht sich in erster Linie auf die Menschen im Unternehmen,
> • während der sachbezogene Aspekt durch das Projektmanagement abgedeckt wird.

Es wird also zwischen dem menschlichen (überfachlichen) und dem fachlichen Aspekt von Change Management unterschieden. Fest steht, dass es sowohl die fachliche als auch die überfachliche Ebene braucht.

Wird in diesem Essential von Change Management gesprochen, so liegt der Schwerpunkt bei der überfachlichen Betrachtungsweise.

Abgrenzung zu Change Management im technischen Sinn

Der Begriff Change Management wird in IT-Projekten auch für die Prüfung und Bearbeitung von Änderungsanträgen (Change Requests) verwendet. Dieser Prozess wird durch ein dediziertes Team abgewickelt und verantwortet. In diesem Essential wird der Begriff Change Management im oben definierten Sinn als Steuerung eines tiefgreifenden, geplanten Veränderungsprozesses in der Organisation verstanden.

3.3 Fachliches versus überfachliches Change Management

Die Unterscheidung zwischen fachlichem und überfachlichem Change Management ist hilfreich beim Setzen von Arbeitsschwerpunkten und bei der Klärung von Zuständigkeiten. Es könnte aber fälschlicherweise daraus gefolgert werden, dass sich in einem solchen Veränderungsprojekt bestimmte Personen ausschließlich um technische Lösungen kümmern, während die Lösung sämtlicher emotionaler Herausforderungen an ausgewählte Personen delegiert werden kann.

Große IT-Provider bieten Einführungen von ERP-Systemen an, die das Angebot „Change Management" ebenfalls beinhalten. In solchen Fällen kann es sich um eine Mischung von fachlichen bzw. technischen und überfachlichen Aspekten handeln. So gehören z. B. „Fit-Gap-Analysen" und „Change-Impact-Analysen" dazu. Dies ist ein hilfreicher Ansatz, wenngleich die technische Seite bei solchen Angeboten noch zu einseitig fokussiert wird.

Stolzenberg und Heberle (2009, S. 4 ff.) unterscheiden die fachliche und die überfachliche Seite einer Veränderung folgendermassen:

• Die fachliche Seite verbinden sie mit der Veränderung von Strukturen, Abläufen und/oder dem sozialen Gefüge, bestehend aus Planung, Umsetzung und Evaluation.
• Auf der überfachlichen Seite beschreiben sie die menschlichen Reaktionen, die durch die Veränderung angestoßen werden. So verstehen sie unter den „*fachlich nicht plan-und umsetzbaren Erfolgsfaktoren einer Veränderung...:*
  – *Akzeptanz der fachlichen Inhalte der Veränderung,*
  – *Überzeugung von der Notwendigkeit und Richtigkeit der Veränderung,*
  – *Bereitschaft, die Veränderung mitzutragen,*
  – *Unterstützung bei der konkreten Umsetzung der Veränderung.*"
• Im überfachlichen Sinn sind mit Veränderungsmanagement die Planung und Durchführung von Aktivitäten gemeint, die Betroffene aus verschiedenen Hierarchiestufen auf die künftige Situation vorbereiten.

3.4   Widerstand und Zuständigkeit

Veränderungen und Widerstand sind eng miteinander verbunden. Das zeigt sich darin, dass Entscheidungen und Maßnahmen, die mit der Einführung einer IT-Technologie verbunden sind, bei Einzelpersonen oder Gruppen aus der Belegschaft oft auf Ablehnung stoßen. Widerstand spielt bei Veränderungsprojekten eine äußerst wichtige Rolle, weshalb ein konstruktiver Umgang damit entscheidend ist für den Projekterfolg. Im begrenzten Rahmen dieses Essentials wird auf die genauere Beschreibung von Widerstand verzichtet. Eine umfassende Anzahl an weiterführenden Erläuterungen wie diejenigen von Doppler und Lauterburg (2002); Kotter (1990) und Landes und Steiner (2013) zeigen die Dynamik und Relevanz von Widerstand, mit nicht zu vernachlässigenden ökonomischen Folgen.

Grundsätzlich gilt:

• Menschen mögen von oben angeordnete Veränderungen nicht.
• Menschen arbeiten am liebsten mit ihren altbewährten technischen Tools.
• Es kostet sie große Überwindung, eine neue Technologie zu akzeptieren, sogar wenn diese besser funktioniert.
• Auf Abwehr folgt im günstigen Fall Akzeptanz. Bei der Einführung einer neuen Technologie kann im psychologischen Sinn deshalb auch von Akzeptanz-Management gesprochen werden.

- Widerstand gehört zu Veränderung. Wir sollten uns dann sorgen, wenn sich kein Widerstand zeigt.

Die Frage bleibt offen, wer für das überfachliche Change Management zuständig ist und wie diese Funktion bezeichnet werden soll. Die Bezeichnung *Change Manager* verleitet Führungskräfte im Projekt und in der Linie fälschlicherweise dazu, den Umgang mit herausfordernden zwischenmenschlichen Reaktionen während der Veränderung an eine Einzelperson zu delegieren. In Wirklichkeit kann sich keine Führungskraft und noch weniger die Projektleitung dieser Verantwortung entziehen.

In der Praxis wurde der überfachliche Change Manager auch schon als *People Involver* oder *Akzeptanzmanager bezeichnet. People Involver* eignet sich gut für den englischen Sprachgebrauch, was für globale ERP-Einführungen zwingend ist.

3.5 Change Management als Erfolgsfaktor für die Einführung neuer IT-Technologien

Welche Faktoren sind es, die den Erfolg von ERP-Implementierungen beeinflussen? Werden Erfolgsfaktoren identifiziert und in einen Zusammenhang mit Change Management gestellt, so kann Change Management als strategischer Erfolgsfaktor bezeichnet werden.

Ein ERP-Projekt gilt dann als erfolgreich, wenn die Einführung des neuen Systems in der vorgegebenen Zeit und im kalkulierten finanziellen Rahmen umgesetzt werden konnte (Kohnke 2005, S. 40).

Werden auf Basis zahlreicher Fallstudien Gründe für das Scheitern von ERP-Systemen betrachtet, so ergeben sich (Kohnke 2005, S. 40) folgende Kategorien, die auf Akzeptanzprobleme und mangelnde Einbindung betroffener Mitarbeiter hinweisen:

1. Die strategischen Ziele des Projektes wurden nicht klar definiert. Ziele und Erwartungen wurden nicht festgelegt.
2. Das Top-Management unterstützt das Projekt zu wenig.
3. Umfang, Größe und Komplexität des Projektes werden vom Projektmanagement unterschätzt.
4. Die Organisation unterstützt die Veränderungen nicht.
5. Das Projektteam ist zu wenig qualifiziert.
6. Die End User werden nicht ausreichend qualifiziert.
7. Die Datenqualität ist nicht gut genug. Die Mitarbeiter arbeiten deshalb mit den alten Systemen weiter.

8. Leistungskennzahlen werden nicht angemessen angepasst.
9. Außenstandorte werden zu wenig in die Veränderung eingebunden.
10. Technische Schwierigkeiten führen zu Implementierungsproblemen.

Kohnke (2005, S. 42 ff.) führt aus der Analyse diverser Studien Erfolgsfaktoren auf, die sowohl weiche als auch harte Faktoren berücksichtigen. Dabei hat er sechs übergeordnete Kategorien herausgearbeitet:

1. Top-Management-Unterstützung:
   a. Top-Management-Commitment: Die sichtbare Unterstützung durch das Top-Management muss während allen Phasen der Projekteinführung klar erkennbar sein.
   b. Daneben braucht es einen Projekt Champion, also einen Projektpaten aus dem Top-Management, der sich konstant einsetzt und das Projektmarketing in der Organisation betreibt. Idealerweise versteht er sowohl technische als auch organisatorische Zusammenhänge.
   c. Eine klar definierte Vision gibt allen Betroffenen Orientierung. Diese Vision muss vom Top-Management entwickelt und verstanden werden.
2. *Projektmanagement:* Die hohe Komplexität von ERP-Projekten fordert ein ausgesprochen professionelles Projektmanagement. Nur so können technische, organisatorische und politische Aspekte berücksichtigt werden. Folgende Aktivitäten sind besonders wichtig:
   a. Aus der Vision werden klare Projektziele abgeleitet, idealerweise spezifisch, realistisch, messbar und zeitlich festgelegt (also SMART formuliert).
   b. Ein Lenkungsausschuss mit Mitgliedern aus dem Top-Management wird eingerichtet.
   c. Ein Projektteam wird zusammengesetzt. Da die Verbesserung der Geschäftsprozesse ein ultimatives Ziel einer ERP-Einführung ist, sollte das Projektteam nicht nur über technisches Know-how verfügen, sondern auch über ein hohes Verständnis der Geschäftsanforderungen. Der Projektleiter selber sollte aus einer ausreichend hohen Führungsposition stammen, um operative Entscheidungen schnell fällen zu können.
   d. Eine richtige Einschätzung von finanziellem und personellem Aufwand ermöglicht ausreichende Ressourcen. Es sollten genügend Personen aus den verschiedenen Fachbereichen zur Verfügung stehen.
   e. Planung und Controlling sorgen dafür, dass der Budget- und Zeitplan eingehalten werden kann bzw. dass dessen Nichteinhaltung frühzeitig erkannt wird.

3. *Organisations-Management:* Je mehr die Geschäftsprozesse an die Möglichkeiten der Software-Lösung angepasst werden, umso erfolgreicher ist die
ERP-Implementierung.

    a. Die Geschäftsprozesse müssen optimiert werden. Hier wird von einem
Reengineering der Geschäftsprozesse gesprochen. In der Folge gilt es, Auf-
gaben- und Stellenprofile etc. anzugleichen. Dabei ist es wichtig, sämtliche
Unternehmensbereiche und -standorte mit den jeweiligen kulturellen Eigen-
heiten zu berücksichtigen.

    b. Eine minimale Software-Anpassung (Customizing) sollte nur dann vorge-
nommen werden, wenn sie für den Geschäftsprozess unabdingbar ist.

4. *Stakeholder Management:* Ein effektives Stakeholder Management gilt als entscheidend für die erfolgreiche Implementierung von Informationstechnologien.

    a. Eine intensive Kommunikation ist entscheidend für die gesamte Projekt-
arbeit, auch in Bezug auf die interne Kommunikation zwischen den Projekt-
mitgliedern. Daneben gilt es, einzelne Zielgruppen gezielt zu informieren
und ihre Erwartungen entgegenzunehmen und zu klären.

    b. Kooperation und Einbindung: Der Erfolg von ERP-Implementierungen
hängt maßgebend davon ab, wie sehr betroffene Bereiche sich aktiv in die
Projektarbeit einbringen.

    c. Training: Es ist äußerst wichtig, dass die künftigen End User die neuen
Geschäftsprozesse und die Bedienung des neuen Systems verstehen.

5. *Technologie-Management:* Selbstverständlich müssen verschiedene technische
Aspekte berücksichtigt werden:

    a. Auswahl des richtigen Softwarepaketes und -lieferanten: Je mehr Geschäfts-
anforderungen ein Softwarepaket abdeckt, umso weniger muss die Software angepasst werden. Der Software-Lieferant muss in der Lage sein, eine
erfolgreiche Implementierung über längere Zeit zu unterstützen.

    b. Systemintegration: Hier geht es um die Kompatibilität zwischen dem neuen
ERP-System und bestehenden Systemen sowie deren Integration.

    c. Daten-Management und -Migration: Eine fundamentale Anforderung ist
die Verfügbarkeit von korrekten und vollständigen Daten (Stammdaten und
Transaktionsdaten). Darüber hinaus sind Schnittstellen zu anderen Systemen
und komplexen Datentypen zu berücksichtigen. Mit Tests werden die Abbil-
dung der Geschäftsprozesse und die Qualität der Daten später geprüft.

6. *Leistungs-Management:* Anhand nützlicher Informationen soll die Zielerreichung des Projektes durch richtige Entscheidungen unterstützt werden.

    a. Leistungskennzahlen: Diese messen die Leistung des Systems, die Errei-
chung der Geschäftsziele und die geforderten Verhaltensweisen von Fachab-
teilungen und Mitarbeitern (Kostenreduzierung, Termintreue etc.).

b. Zielvereinbarungs- und Anreizsystem: Werden beispielsweise Bonuszahlungen für Projektmitarbeiter und beteiligte Führungskräfte von der Projektzielerreichung abhängig gemacht, so ist der Erfolg einer ERP-Implementierung wahrscheinlicher.

Im Rahmen einer umfassenden Untersuchung (Kohnke 2005, S. 54) wurde ersichtlich, dass Faktoren mit Mitarbeiterbezug als besonders wichtig eingeschätzt wurden, wozu

* Top-Management-Unterstützung,
* Projekt Championship,
* abteilungsübergreifende Kooperation und Kommunikation
* sowie das Management von Erwartungen

gehören.

Doch wie lässt sich dieser Erfolg versprechende Mitarbeiterbezug während einer Veränderung systematisch berücksichtigen? Hilfreiche Orientierung bieten die im Folgekapitel beschriebenen Kernthemen.

Wasserkreis-Effekt

4

Konkret umsetzbare arbeitspsychologische Modelle zu Change Management müssen einfach formuliert und strukturiert sein, damit sie in der Arbeitswelt nicht nur von psychologischen Fachleuten, sondern auch von Vertretern anderer Disziplinen verstanden, akzeptiert und angewendet werden können. Stolzenberg und Heberle (2009, S. 6 ff.) unterteilen das Veränderungsmanagement in die vier Kernthemen

1. Vision,
2. Kommunikation,
3. Beteiligung und
4. Qualifizierung

und stellen sie in einen Zusammenhang mit den Phasen der fachlichen Veränderung.

In Anlehnung an die vier Kernthemen von Stolzenberg und Heberle (2009) ist es hilfreich, das notwendige repetitive Durchlaufen der damit verbundenen Schritte zu betonen: Wird ein Stein in ein ruhiges Gewässer geworfen, so breiten sich sogleich Kreise um die Einwurf-Stelle aus. Gleiches passiert in einer Organisation, die von einer Top-down-Veränderung betroffen ist. Es entsteht eine Eigendynamik, die sich zwar nicht bremsen, dafür aber begleiten lässt. Die Berücksichtigung der vier Kernthemen Vision, Kommunikation, Beteiligung und Qualifizierung beginnt immer wieder von Neuem, sobald weitere Personengruppen und Hierarchiestufen (z. B. durch neue Projektphase, Erreichung eines Meilensteins etc.) tangiert werden. Entscheidend ist, dass jede neue Zielgruppe adressatenbezogen berücksichtigt wird.

In der Darstellung in Abb. 4.1 ist das Kernthema Vision durch das Ziel des Projektes ergänzt worden. Die Alltags-Erfahrung bei der Einführung einer ERP-Tech-

© Springer Fachmedien Wiesbaden 2016
S. Chies, *Change Management bei der Einführung neuer IT-Technologien,*
essentials, DOI 10.1007/978-3-658-11635-4_4

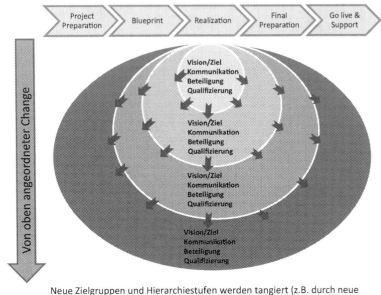

Neue Zielgruppen und Hierarchiestufen werden tangiert (z.B. durch neue
Projektphase, Erreichung eines Meilensteins etc.).

Abb. 4.1 Wasserkreis-Effekt. (Quelle: Eigene Darstellung)

nologie hat gezeigt, dass das Formulieren einer konkreten Zielformulierung bereits
eine Herausforderung ist, ganz zu schweigen von der Formulierung einer Vision.

Vision und Ziel: Wohin soll die Reise gehen?

Eines der berühmtesten Beispiele einer Vision stammt von Antoine de Saint-Exupéry (1948):

> Wenn du ein Schiff bauen willst, so trommle nicht Leute zusammen, um Holz zu beschaffen, Werkzeuge vorzubereiten und die Arbeit einzuteilen,
> sondern wecke in ihnen die Sehnsucht nach dem endlosen, weiten Meer.

Eine Vision vermittelt ein konkretes Zukunftsbild, das eine emotional mitreißende Wirkung haben soll. In der Project-Preparation-Phase ein motivierendes Zukunftsbild für die Einführung eines neuen IT-Systems zu finden, ist ein anspruchsvolles Unterfangen, bedeutet es doch, ein technisches Instrument mit Gefühlen in Verbindung zu bringen. Dabei sollen Zukunftsbilder aufgezeigt werden, die kurz und griffig sind und zu den künftig Betroffenen passen. Tatsache ist, dass die neue Technologie häufig aus einer Notsituation heraus gekauft wird und dass es vor allem darum geht, einen befürchteten Endzustand, nämlich einen Stillstand des alten Systems, zu vermeiden.

Der autoaffine CEO einer männerdominierten, global tätigen Maschinenfabrik löste dieses Problem folgendermaßen. Er wählte als Vision für die Einführung eines neuen SAP-Systems folgende Formulierung, in Anlehnung an einen Bericht von Krähenbühl (2012) im „Zürcher Oberländer" (2012), worin über Probleme bei der Einführung von SAP berichtet worden war.

Formel 1 statt VW Polo
Ersetzt man ein altes System mit einer Lösung wie SAP, so ist das, als würde man den Platz hinter dem Lenkrad eines VW Polo gegen ein Formel-1-Cockpit eintauschen. Anfangs rumpelt es beim Fahren. Aber wenn man die Steuerung erst einmal beherrscht, ist man wesentlich schneller und agiler unterwegs.

© Springer Fachmedien Wiesbaden 2016
S. Chies, *Change Management bei der Einführung neuer IT-Technologien,*
essentials, DOI 10.1007/978-3-658-11635-4_5

Mindestens so wichtig wie die Vision ist die Formulierung eines konkreten Ziels. Welcher Endzustand soll mit der Veränderung erreicht werden? Der Bezug zum Problemlösungszyklus (Vetter und Chies 2013, S. 169) ist hier hilfreich, vor allem unter Berücksichtigung der Analysephase: Die Situationsanalyse bezieht sich auf den momentanen Zustand, also den Ist-Zustand. Die Zielformulierung bezeichnet den Soll-Zustand. Das Beispiel aus dem oben genannten global tätigen Industriebetrieb soll die Benennung von Ist und Soll zeigen:

Ist-Zustand (um nur eine Auswahl zu nennen):

1. *Das bestehende IT-System ist veraltet und arbeitet immer schwerfälliger.*
2. *Für einzelne Abläufe wie z. B. die Kundenbetreuung wurde über 15 Jahre hinweg für mehrere Millionen Euro ein attraktives, maßgeschneidertes Instrument entwickelt. Dieses ist mit dem übergeordneten System und den ERP-Systemen gewisser Kunden aber nicht kompatibel.*
3. *In der Folge müssen Daten regelmäßig mittels Excel-Listen von Hand von einem System in andere übertragen werden, wodurch Fehler entstehen.*
4. *Die finanzielle Transparenz ist mangelhaft. Die Steuerung der Organisation wird erschwert. Die Konkurrenz ist agiler.*
5. *Gelegentlich gehen teure Ersatzteile verloren, weil das alte System sie nicht lokalisieren kann.*

Soll-Zustand:

1. *Wir verfügen bis Ende 20xx über ein gut funktionierendes IT-System, das für möglichst lange Zeit an allen globalen Standorten möglichst viele Prozesse auf einfache Weise abdeckt.*
2. *Damit erhalten wir unsere Konkurrenzfähigkeit.*

Je einfacher die Wortwahl ist, umso eher wird das Ziel auf allen Hierarchiestufen verstanden.

Hilfreich ist eine Zielformulierung nach SMART-Kriterien. Diese zeichnet sich durch möglichst konkrete Aussagen über Anzustrebendes aus.

Doppler und Lauterburg (2008, S. 183) haben zur Wichtigkeit von Zielen eine klare Meinung:

Die Menschen sind weder dumm noch widerborstig. Sie lassen sich verhältnismäßig leicht führen und machen auch bei unpopulären Maßnahmen erstaunlich bereitwillig mit – vorausgesetzt, sie haben die Ziele verstanden und als sinnvoll, oder sogar als notwendig, akzeptiert.

5.1 Mit den richtigen Leuten im Steuerboot

Vision und Ziele einer Veränderung taugen nur dann etwas, wenn die richtigen Leute bei deren Formulierung hinzugezogen wurden. Wesentlich ist die Frage, wer Interesse an einer Veränderung hat. Es braucht Führungskräfte, Stakeholder und andere wichtige Identifikationspersonen, die mit Einsatz und Engagement hinter dem Projekt stehen. Ihre getroffenen Vereinbarungen bilden die Grundlage für die Formulierung von Zielen und Vision.

Gefragt sind die zentralen Top-Manager einer Organisation, die sich zur Veränderung bekennen und bereit sind, entsprechend Verantwortung zu übernehmen. Grundsätzliche Zweifel am Projekt sollten ausgeräumt sein, kleinere Bedenken dürfen bestehen bleiben. Das Top-Management kann zu einem späteren Zeitpunkt ein gutes Vorbild sein, wenn es darum geht, konstruktiv mit (moderaten) Ambivalenzen gegenüber dem Projekt umzugehen.

Echtes Engagement erleichtert dem Management, hinter dem Projekt, der Projektleitung und dem Projektteam zu stehen. Bekennen sich involvierte Führungskräfte zu wenig überzeugend zum Projekt, so begünstigt das den Widerstand in der Belegschaft

Die Crew im Steuerboot ist bei der Einführung einer neuen IT-Technologie mit verschiedenen Herausforderungen konfrontiert: Sie trifft – je nach eingeführter Technologie – auf eine Komplexität, mit der sie angemessen umzugehen hat. Es gilt, einen bestimmten Anteil an Ungewissheit auszuhalten.

Wird die neue Technologie von einem externen Anbieter eingeführt, so begibt sich die Auftrag erteilende Organisation in eine fachliche Abhängigkeit, die es ihr erschwert, die Qualität der erbrachten Dienstleistung zu prüfen und einen passenden Vertrag abzuschließen. Zudem fehlen Kriterien, mit denen die Auftraggeber prüfen können, ob die später hinzugezogenen externen Berater ausreichend kompetent sind. Durch das Einholen gezielter Referenzen kann darauf geachtet werden, dass nur die besten Berater „eingekauft" werden.

Für die Blueprint-Phase werden echte und motivierte Leistungsträger für die Projektarbeit benötigt. Hier hilft es zu prüfen, ob es sich um Mitarbeiter handelt, die in der Lage sind, nicht wie bisher in Funktionen, sondern in Prozessen zu denken.

Zentral ist – last but not least – ein von allen Seiten akzeptierter Projektleiter, der nicht nur auf dem Gebiet der Informatik bewandert sein sollte. Die Führung eines Software-Projektes erfordert zahlreiche Fähigkeiten, die weit über die IT-Fragen hinausgehen. Idealerweise handelt es sich hier um einen internen, hierarchisch hoch positionierten Manager, der über gute Konfliktmanagement-Kenntnisse verfügt und mit seiner Integrität Vertrauen weckt.

5.2 Zentrale Fragen zum Kernthema Vision/Ziel

- Wer will eine Veränderung? Sind diese Personen bei der Formulierung von Projektvision und -ziel mit einbezogen?
- Wieso braucht es eine Veränderung (Ist-Zustand)?
- Gibt es für die angestrebte Veränderung überhaupt eine Vision?
- Welcher neuer Zustand bzw. welche Ziele sollen durch die Veränderung erreicht werden (Soll-Zustand)?
- Ist eine klare Planung zur Zielerreichung definiert?
- Ist die Projektorganisation definiert?
- Sind die richtigen Leute im Boot?

Kommunikation

6

Der Begriff „Kommunikation"ist eine Bezeichnung für Vorgänge, in denen eine bestimmte Information gesendet und empfangen wird. Idealerweise reagiert das Gegenüber auf eine Aussage. Ein gegenseitiges Geben und Nehmen von Information ist auch eine Interaktion.

Kommunikation glückt dann, wenn beim Empfänger die Information so ankommt, wie es der Sender beabsichtigt.

Führung, auch in Veränderungsprozessen, besteht zu einem großen Teil aus Kommunikation.

Sind Vision, Ziele, Projektorganisation und Projektplan definiert, so werden sie den Mitarbeitern kommuniziert.

6.1 Eine einfache Sprache gebrauchen: „Des Kaisers neue Kleider"

Wer sich erstmals mit der Einführung einer neuen IT-Technologie befasst, tut sich schwer, sämtliche Zusammenhänge eines solchen Projektes zu verstehen. Dies wird durch neue Begriffe und Abkürzungen, welche externe Berater einführen, zusätzlich erschwert. Plötzlich kann sich ein Manager nicht mehr auf sein altbewährtes Wissen stützen. Wie im Märchen „Des Kaisers neue Kleider" (Andersen-Märchen) besteht die Gefahr, dass alle so tun, also hätten sie verstanden, worum es geht. Im Märchen wurde den Hofangestellten und dem Kaiser zu verstehen gegeben, dass nur die besonders Gescheiten die – in Wirklichkeit nicht existenten – schönen Kleider des Kaisers sehen könnten. Es brauchte ein Kind, das den Mut hatte, darauf hinzuweisen, dass der Kaiser nackt dastand.

Analog dazu ist bei Veränderungsprojekten ein Management vonnöten, das sich mit seinem Nicht-Verstehen zu exponieren traut und zentrale Fragen stellt. Den

© Springer Fachmedien Wiesbaden 2016
S. Chies, *Change Management bei der Einführung neuer IT-Technologien*,
essentials, DOI 10.1007/978-3-658-11635-4_6

falschen Schein des Wissenden zu wahren kann fatale Wirkungen haben. Je mächtiger ein Manager ist und je mehr „Gretchenfragen" er stellt, umso mehr Klärung bewirkt er und umso wirkungsvoller unterstützt er die interne Kommunikation.

Je vertrauter das Top-Management, der Steuerungsausschuss und die Projektorganisation mit einem Veränderungsprojekt sind, umso einheitlicher werden die verwendeten Begriffe. Die Beteiligten entwickeln eine Projektsprache, die für Außenstehende immer schwieriger zu verstehen ist. Hilfreich ist deshalb, dauerhaft in einer derart einfachen Sprache über das Projekt zu informieren, dass „Projektferne" die zentralen verwendeten Begrifflichkeiten tatsächlich verstehen. Die Fähigkeit, komplexe Inhalte auf simple Weise zu vermitteln, ist eine der großen Leistungen innerhalb eines anspruchsvollen Veränderungsprojektes.

Übersetzungs- und Abkürzungstabellen können helfen, sprachliche Codes der externen und internen Projektmitglieder laufend auf einen gemeinsamen Nenner zu bringen, sodass die erweiterten, dazukommenden Kreise die Inhalte verstehen.

6.2 Mit den richtigen Personen kommunizieren: Stakeholder-Analyse

Stakeholder sind Personen, die von einem Veränderungsprojekt betroffen oder daran beteiligt sind oder sonst ein Interesse an dessen Erfolg (oder Misserfolg) haben. So können Lieferanten, Kunden, Mitarbeiter, Management, Eigentümer, Behörden, Konkurrenten etc. dazu gehören.

Stakeholder können z. B. folgendermaßen kategorisiert werden:

• Macht: Wer hat viel Einfluss auf die geplante Veränderung?
• Einstellung zum Projekt: Wer unterstützt bzw. blockiert die Veränderung?
• Betroffenheit: Wer wird durch die Veränderung besonders stark betroffen? Wer wird viel Unterstützung brauchen?

Werden die Stakeholder systematisch analysiert und werden sie gezielt angesprochen und berücksichtigt? Ein Veränderungsprojekt löst bei den Stakeholdern viel Bewegung und Dynamik aus, weshalb es Sinn macht, die Stakeholder-Analyse regelmäßig zu aktualisieren.

6.3 Kommunikations- und Aktionsplan

Basierend auf der Stakeholder-Analyse ist es hilfreich, einen Plan zu kreieren, um verschiedene Zielgruppen optimal zu berücksichtigen. Konkret kann ein Kommunikations- und Aktionsplan wie in Tab. 6.1 dargestellt aussehen, der an die-

Tab. 6.1 Kommunikations- und Aktionsplan. (Quelle: Eigene Darstellung)

Kommunikations- und Aktionsplan

Kommunikations-Anlass	Häufigkeit	Ziel der Kommunikation	Zielgruppe / Stakeholders																Wer ist damit beauftragt?	Bis wann umgesetzt?	Kommunikations-Kanal	Status
			Global	Geschäftsleitung	Steuerungs-ausschuss	Global Process Owners (GPO)	Global Process Developers (GPD)	interne IT-Fachfrau	externe IT-Berater	Projektauftraggeber Land	Projektkoordinator Land	Leiter Land A	Leiter Land B	Key User	Enduser Land A	Enduser Land B	andere				
Generelle Kommunikationskanäle																					
Projekt-Intranet-Website	online	Zusammenfassende Infos zu aktuellen Aktivitäten																		Intranet	In Umsetzung
Fortschreibung in verschiedenen Sprachen	vierteljährlich	globale zusammenfassende Infos zu bestehenden Aktivitäten																		Zeitung und Online	Umsetzung teilweise
Home-IT-Zeitung	vierteljährlich	globale zusammenfassende Infos zu bestehenden Aktivitäten																		Mail	In Umsetzung
Regelmässige Sitzungen/Treffen																					
Sitzung Geschäftsleitung	gemäss Anfrage	Statusbericht zum Projekt																		Sitzung	Abgeschlossen
Sitzung Steuerungsausschuss	alle 6 Wochen	Statusbericht zum Projekt																		Sitzung	In Bearbeitung
Projekt-Management-Sitzung im Hauptstandort	wöchentlich dienstags	Bekanntgabe von neuen Informationen und getällten Entscheidungen; Abgleichung von übergeordneten Projektaufgaben; Rollenklärung; Führungsfragen klären																		Sitzung	In Bearbeitung
Statusbericht des globalen Teilprojekte (streams)	wöchentlich / regelmässiger fixer Termin	Bekanntgabe von neuen Informationen und getällten Entscheidungen; Rollenklärung; Führungsfragen klären																		Sitzung	In Umsetzung
"Gipfeltreffen" am Hauptstandort	wöchentlich / regelmässiger fixer Termin	informeller Austausch; Möglichkeit, Leute ausserhalb der gegebenen Strukturen zu treffen																		Sitzung	In Bearbeitung
GPO-Sitzung am Hauptstandort	wöchentlich/regelmässiger fixer Termin	Spezialunterstützung für GPOs														Gäste				Sitzung	In Bearbeitung
Projekt-/Maßnahmen-Aktivitäten																					
Kick-off Implementation	09./09.20x	offizieller Projektstart; vermittelt von gemeinsam Überblick																		Sitzung	Erledigt
Meilenstein-Party Nr. 1	nach jedem wichtigen Meilenstein	Erreichung eines Meilensteines wird zelebriert																		Entwicklung in IT-Termin-Restaurant	Erledigt
Meilenstein-Briefe	nach jedem wichtigen Meilenstein	Information und Motivation																		email	Erledigt
Präsentation erster Blaupunkt Ergebnisse auf Top-Management	nach grossen Meilensteinen	Resultate und Erfolge werden vorgestellt																		Geschäfts-Event	Erledigt
Syndizierungs-Workshop	01.06.20y	Globales On-Boarding von Unterstützern; Auswertung des Projektes und neue Zielgruppen																		Workshop	Erledigt
Follow-UP Briefe für Teilnehmer des Syndizierungs-Workshops	Start im Juli 20y	Informationen über getällte Massnahmen; die im Syndizierungs-Workshop definiert werden																		Email	Erledigt
Onboarding der wirtschaftenden Länder (Legal Units)	einmal pro Legal Unit	Globales On-Boarding von Unterstützern; Auswertung des Projektes und neue Zielgruppen																		Während IT-Gap Aktivitäten	In Bearbeitung
Befähigung in Moderation (Workshop)	2x im Dezember 20x	Unterstützung für künftige Workshops; Moderations-Fähigkeiten sollen gefördert werden																		Training	Erledigt
Befähigung Key User von Integrationstest	1x wöchentlich	Rollenverständnis und Wissenstransfer fördern																		Training	In Bearbeitung
Train the Trainer Aktivitäten	kontinuierlicher Prozess	Organisation des Trainings																		Training	In Bearbeitung
Befähigung End User	1x wöchentlich																			Training	Erledigt
Unternehmerische Einbindung/Change Management																					
	Herbst 20x	Information zu Projektstatus																		Sitzung	Erledigt
	01.01.20y / 01.06.20y	Synergien nutzen; Doppelausgabe/quellen vermeiden; Commitment innerhalb Streams fördern																		Workshop	Erledigt

ser Stelle in exemplarischem Sinn aufgeführt ist. Ein solcher Plan beinhaltet stets eine Momentaufnahme und wird laufend an die jeweilige Situation angepasst. In Tab. 6.1 sind nicht alle Zielgruppen ersichtlich, die auf der Original-Excel-Liste durch Scrolling betrachtet würden.

6.4   Grenzen zwischen Kommunikation, Beteiligung und Qualifizierung

Eine Aktivität im Change Management kann selten auf Kommunikation reduziert werden, außer wenn es sich um einen schriftlichen Beitrag auf einer internen Website oder in der Fabrikzeitschrift handelt. Ansonsten sind Kommunikation und andere Aktionen meistens eng miteinander verbunden.

Sobald Anwesende auf eine Information reagieren, diskutieren, debattieren etc., befinden sie sich im Bereich der Beteiligung oder bereits der Qualifizierung.

Wichtig ist das Bewusstsein, dass die Grenze zwischen Kommunikation, Beteiligung und Qualifizierung fließend und nicht immer trennscharf ist. Entscheidend ist die Sensibilisierung, dass den jeweiligen Kernthemen Rechnung getragen werden muss.

In der Tab. 6.2 werden Aktivitäten aus dem Kommunikations- und Aktionsplan, die im Folgetext weiter erläutert werden, den Kernthemen Kommunikation, Beteiligung und Qualifizierung zugeordnet.

Das Kernthema Vision/Ziel wird an dieser Stelle nicht mehr explizit erwähnt, da die damit verbundenen richtungsweisenden Inhalte adressatengerecht formuliert via Kommunikation weitergegeben werden.

Nachdem die generellen Kommunikationskanäle sowie die Qualifizierungsaktivitäten bereits erläutert worden sind, werden im Folgenden weitere ausgewählte Aktivitäten der Übersicht in Tab. 6.2 genauer betrachtet.

6.5   Generelle Kommunikationskanäle

Diese richten sich an eine breite Leserschaft und vermitteln Informationen, die von allen Lesern verstanden werden sollten.

Projektspezifische Intranet Website
Gerüchte über größere Veränderungen sorgen bei der Belegschaft für Ängste. Vor allem Mitarbeiter, die bei der Einführung neuer IT-Technologien zu den End Usern gehören und lange nicht miteinbezogen werden, ermöglicht eine Intranet Website

Tab. 6.2 Zusammenhang zwischen Aktivitäten und Kernthemen. (Quelle: Eigene Darstellung)

Aktvitäten	Kernthemen		
	Kommunikation	Beteiligung	Qualifizierung
Generelle Kommunikationskanäle (Kapitel 6.5.)			
Projekt Intranet Website	x		
Fabrikzeitung, in verschiedenen Sprachen	x		
Interne IT-Zeitung	x		
Regelmäßige Sitzungen/Treffen (Kapitel 7.1.)			
Sitzung Geschäftsleitung		x	
Sitzung Steuerungsausschuss		x	
Projekt-Management-Sitzung im Hauptstandort		x	
Statussitzung der globalen Teilbereiche (streams)		x	
"Gipfeltreffen" am Hauptstandort		x	
GPD-Sitzung am Hauptstandort		x	
Projekt-/Meilenstein-Aktivitäten (Kapitel 7.2.)			
Kick-off-Veranstaltung		x	
Meilenstein-Party		x	
Präsentation erster Blueprint-Ergebnisse vor Top-Management		x	
Qualifizierung in Moderation (Workshop) (Kapitel 8.)			x
Qualifizierung Key User vor Integrationstest (Kapitel 8.)			x
Train-the-Trainer-Aktivitäten (Kapitel 8.)			x
Qualifizierung End User (Kapitel 8.)			x
Unregelmäßige Sitzungen (Kapitel 7.3. bis 7.7.)			
Konfliktklärung		x	
Rollenklärung		x	
Get Together (Teambildung), Workshops mit neuen Projektteams der verschiedenen Bereiche (Streams)		x	

GPD Global Process Developer, *x* Aktivität wird im zugeordneten Kernthema-Kapitel entsprechend erörtert

einen einfachen Zugang zu Informationen. Bilder, einfache Grafiken und weitere farbige Illustrationen erhöhen die Attraktivität für die Leser. Es bewährt sich, wenn die Redaktion für diese Website von einer Person übernommen wird, die IT-fremd ist. Dadurch wird gewährleistet, dass eine Sprache verwendet wird, die kein Business-Engineering-Studium voraussetzt.

Ein Beispiel für eine mögliche Website-Struktur ist in Tab. 6.3 dargestellt.

Fabrikzeitung in verschiedenen Sprachen
Die regelmäßig erscheinende Fabrikzeitung eignet sich für gut für kurze Berichte über die Einführung von IT-Tools. Sie spricht auch die Belegschaft an, die nicht oder kaum online ist und wenig oder gar nicht am Computer arbeitet. So ist der Bereich Logistik häufig stark von den Veränderungen einer ERP-Einführung betroffen. Oftmals arbeiten gerade dort viele Personen, die bisher gut ohne Arbeit am Computer ausgekommen sind und denen dieses Medium wenig vertraut ist.

Tab. 6.3 Aufbau einer Intranet-Website

Titel 1. Ebene	Titel 2. Ebene	Titel 3. Ebene
1. Projektinformation	Projektziel	
	Projektorganisation	Projektleitung am Hauptsitz
		Projektorganisation in den verschiedenen Ländern
	Projektplan	
	Bedeutung der einzelnen Projektphasen	
	Übersetzungs- und Abkürzungstabellen	
2. Was jetzt gerade läuft	Aktuelle Events	Event K
		Event L
	Frühere Events	Event A
		Event B
		Etc.
	Wichtige geplante Schritte	Schritt G
	Wichtige vollbrachte Schritte	Schritt A
		Schritt B
		Etc.
3. Fotos *Diese Kategorie wurde bei einem bestimmten Projekt am häufigsten angeklickt, insbesondere von Mitarbeiter aus China und Asien*	Teams	Projektleitung am Hauptsitz
		Projektorganisationen in den verschiedenen Ländern
	Events	Abendveranstaltung mit Zauberer
		Ausflug in die Berge
		Bauern-Olympiade
4. Weitere Aktivitäten	Veränderungsprojekt X und Fußballweltmeisterschaft *Dieses war offen für alle Mitarbeitenden, die via Smartphone und entsprechender App mitwetten wollten. Diese Aktivität war von den internen und externen Mitarbeitenden des Projektes selber initiiert worden. Die Projektleitung bot an, die Ergebnisse in die Website zu integrieren*	Wer hat bis jetzt am besten gewettet? Wer ist Wettkönig?
5. FAQ	Fragen zum Projekt mit entsprechenden Antworten *Diese Kategorie der häufig gestellten Fragen nur aufschalten, wenn die Fragen auch innerhalb kurzer Zeit beantwortet und ebenfalls veröffentlicht werden*	

Interne IT-Zeitung

Verfügen größere Organisationen über eine elektronische IT-Zeitung, so passt eine regelmäßige Berichterstattung über die Einführung eines neuen ERP-Systems selbstverständlich bestens in diesen Kanal.

6.6 Zusammenhang zwischen Motivation und Kommunikation

Wenn es gelingt, Top-Manager, Projekt-Mitarbeiter, später End User und alle weiteren Beteiligten davon zu überzeugen, dass ihr Beitrag einer von vielen tragenden Pfeilern einer Veränderung ist, so wird sich dies förderlich auf ihre Motivation auswirken.

Damit sie ihren Beitrag richtig einschätzen können, brauchen sie einen *Blick für das Wesentliche*. Ein „Big Picture"ist hilfreich, um trotz der hohen Komplexität einer IT-Einführung eine Orientierung zu haben. So muss in einem ersten Schritt ein Plan mit einer groben Übersicht, also ein High-Level-Plan, auf verständliche Weise vorgestellt werden, ohne komplizierte Fremdwörter, Abkürzungen und IT-Begriffe. Das hilft, Zusammenhänge zu verstehen. Erst dann ist es angebracht, die jeweilige Detailplanung eines jeden Bereiches aufzuzeigen.

Etwas zu verstehen bedeutet noch nicht, die *Sinnhaftigkeit* darin zu erkennen, was für die Motivation ebenfalls entscheidend ist. Dafür braucht es, wie bereits erwähnt, eine überzeugende Vision und davon abgeleitete, prägnante und einfach formulierte Projektziele.

6.7 Motivation und die Einsatzbreite von End-User-Rollen

In der Realization-Phase wird die Einsatzbreite von End-User-Rollen definiert. Dabei wird festgelegt, welche Prozessschritte des neuen ERP-Systems zu einer Job-Rolle zusammengefasst werden. Aus Sicherheitsgründen können nicht alle Benutzer des künftigen Systems sämtliche Funktionen nutzen. So sollte beispielsweise ein Verkäufer nicht gleichzeitig als Controller tätig sein (Segregation of Duty). Deshalb werden Job-Rollen mit entsprechenden Berechtigungen versehen. Im Berechtigungskonzept, einem wesentlichen Baustein einer ERP-Einführung, wird also festgelegt, welcher Mitarbeiter welche Art von Zugriff auf welches ERP-Modul hat. Es entsteht eine Matrix, in der festgelegt wird, welche Rolle/Funktion welches Berechtigungsprofil hat.

Je mehr Prozessschritte *in einer Job-Rolle zusammengefasst werden,* umso breiter ist die mit dieser Rolle versehene Person (End User) einsetzbar. Dies hat für die entsprechenden End User den Vorteil,

- dass ihr Einsatzgebiet weiter gefasst und somit interessanter ist,
- und sie in der Final-Preparation-Phase zu weniger End-User-Rollen geschult werden müssen.

Der Nachteil liegt darin, dass die Schulung inhaltlich für die End-User-Rolle anspruchsvoller ist.

In arbeitspsychologisch motivierendem Sinn spricht vieles für eine breit gefasste Job-Rollen-Definition, so Ulich und Taylor:

- **Ganzheitlichkeit** (Ulich 1998) ist ein wichtiges Merkmal einer Aufgabe, das Motivation begünstigt: Menschen arbeiten lieber, wenn sie eine Aufgabe planen, ausführen und danach kontrollieren können.
- **Taylorismus** gilt in der Arbeitspsychologie im Gegensatz dazu als Inbegriff von Demotivation: Damit ist das vom Amerikaner Frederick Winslow Taylor (1856–1915) begründete Prinzip einer Prozesssteuerung von Arbeitsabläufen gemeint, das im Zusammenhang mit der Industrialisierung entstanden ist. Im Rahmen von Arbeitsstudien wurden Arbeitsprozesse definiert, Arbeitsaufgaben zerlegt und den Mitarbeitern detailliert vorgeschrieben. Es gab nur noch detaillierte Zielvorgaben, wodurch die Mitarbeiter den Gesamtüberblick und den Zusammenhang zum Unternehmungsziel verloren. So erstellte ein Mitarbeiter in einer Fabrik an einem Fließband nur noch eine bestimmte Schraubensorte eines Wagens und verlor den Bezug zum gesamten Endprodukt. Der 1936 beendete Film „Modern Times" von Charlie Chaplin karikiert den Taylorismus auf treffende Weise.

Je weniger Prozessschritte *in einer Job-Rolle zusammengefasst werden,* umso spezifischer ist das Wissen über die jeweilige Funktion und umso kleiner die Fehlerrate. Die Schulung für eine End-User-Rolle wird inhaltlich weniger dicht.

Die Nachteile von Job-Rollen, die wenige Prozessschritte enthalten, sind:

- Es müssen insgesamt mehr End-User-Rollen definiert und zugeteilt werden.
- Er werden mehr erteilte Berechtigungen benötigt.
- Es werden zahlreichere Schulungen durchgeführt, was die Organisation des End User Trainings deutlich verkompliziert.

- Die End User sind nach der ERP-Einführung weniger zufrieden, weil sie nicht mehr so breit wie früher einsetzbar sind und das neue IT-System weniger akzeptieren. Sie sind demotiviert und leisten Widerstand.
- Unter den künftigen End Usern entsteht ein Gerangel um die End-User-Rollen. Jeder möchte möglichst viele davon zugeteilt haben, um auch nach dem Go live breit einsetzbar zu sein.
- Mitarbeiter wissen nach dem Go live nur über die einzelnen Eingaben Bescheid, können ihre Arbeit nicht mehr in ein großes „Ganzes" einordnen, sondern betrachten sie mit einem Tunnelblick. Treten Probleme auf, ist es schwierig, die Situation richtig einzuschätzen und Fehler in Bezug auf den ganzen Prozess zu erkennen. Damit entsteht eine Hilflosigkeit.

Beim Berechtigungskonzept (Böhnke, Lang und von Rosenstiel 2005, 191 ff.) sollte deshalb Wert darauf gelegt werden, dass die Berechtigungsprofile die ursprünglichen Stellenbeschreibungen der Mitarbeiter möglichst genau widerspiegeln, damit hier keine Veränderungen vorgenommen werden müssen.

6.8 Motivation und Ressourcen, um Herausforderungen anzupacken

Die Erfahrung zeigt, dass Burn-out-Fälle während großer Veränderungsprojekte vermehrt auftreten. So werden die guten Mitarbeiter dringend für das Projekt gebraucht und können scheinbar in der Linie nicht entbehrt werden. Um zu verhindern, dass der „Burn-out-Taxometer" gestartet wird, bewährt es sich, zentrale Know-how-Träger vorübergehend von den Linienfunktionen zu befreien, damit sie sich ganz dem Projekt widmen können. Ist dies nicht möglich, so muss das Management unbedingt sicherstellen, dass die Unterstellten genügend Zeit erhalten, um ihre Aufgaben innerhalb des Projektes sowie innerhalb der Linie auszuführen. Die umfassende Arbeit sollte von Anfang an weitsichtig auf ausreichend viele Schultern verteilt werden. Ferienregelungen und Kompensationsmöglichkeiten dürfen daneben selbstverständlich nicht vergessen werden.

Kohärenzgefühl

Kernen (2013, S. 141) nennt die Kraft, die uns das Gefühl gibt, Herausforderungen des Lebens gewachsen zu sein, Kohärenzgefühl. Dieses kann je nach Lebensphase und Lebenssituation stärker oder schwächer ausgeprägt sein. Veränderungssituationen sind ohne Zweifel anspruchsvolle Herausforderungen für diese Kraft.

Es gibt drei Dimensionen, die das Kohärenzgefühl stärken und die über angemessene Kommunikation positiv beeinflusst werden können.

1. Eine Situation mit ihren Zusammenhängen zu verstehen: *Verständlichkeit*;
2. Einen Sinn darin zu erkennen: *Sinnhaftigkeit*;
3. und zu wissen, wie die Situation gehandhabt wird, also wie sich jemand darin zu verhalten hat: *Handhabbarkeit*. Zeigen die ersten beiden Punkte einen engen Zusammenhang zum Thema Motivation auf, so weist dieser Aspekt auf die Wichtigkeit von Kompetenzerweiterung durch Qualifizierung hin.

Resilienz
Wird die Fähigkeit, mit Druck umzugehen, genauer betrachtet, so kann auch von Resilienz gesprochen werden. Amman (2014, S. 5) beschreibt resiliente Menschen als solche, die mit Druck und Belastung so umgehen können, dass sie nach der Anspannung wieder in ihre ursprüngliche Form zurückfinden. So werden

- Kranke wieder gesund,
- Traurige wieder glücklich,
- Gestresste wieder gelassen,
- Überarbeitete erholen sich wieder,
- und Lebenskrisen werden überwunden.

Amman vergleicht Resilienz mit unserem Immunsystem. Während das Immunsystem uns vor Krankheiten schützt, schützt Resilienz unsere Psyche im Umgang mit Belastungen.
Resilienz ist kein fixer Zustand, sondern eine an einen lebenslangen Lernprozess gebundene Widerstandkraft, die je nach Kontext und Lebensphase unterschiedlich ausgeprägt sein kann.

6.9   Zentrale Fragen zum Kernthema Kommunikation

- Wird Dringlichkeit für Veränderung aufgezeigt (Ist-Zustand)?
- Wird Bestehendes gewürdigt?
- Werden Emotion und Vision zu Change vermittelt?
- Wird das Ziel der Veränderung klar aufgezeigt (Soll-Zustand)?
- Wird realistisch aufgezeigt, was Veränderung für Betroffene bedeutet (ohne Schönfärberei und Schwarzmalerei)?
- Werden neu entstehende Rollen und Aufgaben vorgestellt?

- Werden Plan und momentane Position innerhalb Plan konstant aufgezeigt?
- Werden betroffene Gruppen mit einfacher Ausdrucksweise informiert?
- Bestehen eine Stakeholder-Analyse sowie ein Kommunikations- und Aktionsplan?

Beteiligung 7

Ist von Beteiligung die Rede, so sind damit Mitwirkung und Teilnahme gemeint. Werden Bedürfnisse der Mitarbeiter erfragt, so geht es darum, diesen so weit als möglich gerecht zu werden, und dafür braucht es einen gewissen Handlungsspielraum. Je maßgeschneideter eine ERP-Lösung jedoch ist, umso teurer wird sie. Für individuelle Wünsche gibt es selten Platz. Werden neue Prozesse definiert und später umgesetzt, so haben Mitarbeiter einer Organisation wenige echte Mitbestimmungsmöglichkeiten. Möglichkeiten zur Mitgestaltung der neuen Prozesse und Systemlösungen fördern jedoch die Akzeptanz und reduzieren bei der späteren Implementierung die Widerstände. Gleichzeitig haben Betroffene in Veränderungssituationen zahlreiche Ängste, Wünsche und Vermeidungsziele. Häufiger wissen sie, was sie nicht wollen, als dass sie ihre Wünsche klar artikulieren könnten.

Und doch existieren sie, die wenigen Mitgestaltungsmöglichkeiten, kleine Spielräume innerhalb vorgegebener Standards. Diese gilt es zu nutzen. So gibt es bei bestimmten ERP-Systemen klare Vorgaben, wo Drucker stehen sollen, die zentrale Formulare ausdrucken. Die Nähe zu diesem Gerät ist Ausdruck von Status. Die wichtigen Mitarbeiter haben ihn gleich neben dem Schreibtisch, die weniger wichtigen müssen zahlreiche Meter zu ihrem Ausgedruckten zurücklegen. Und nicht alle nehmen das sportlich. Eine umfassende Diskussion über die Platzierung des Druckers, bei der zusammen eine Lösung gefunden wird, macht deshalb absolut Sinn. Besteht für die Belegschaft keine Möglichkeit mitzubestimmen, so darf ihr jedoch auf keinen Fall Scheinpartizipation vorgegaukelt werden.

Hat ein älterer Lagerist sein Leben lang auf aufwendige Weise Kartonschablonen hergestellt, um damit Exportgut für Asien zu beschriften, und spuckt SAP stattdessen künftig innerhalb von Sekunden Klebe-Etiketten für die Holzkisten aus, so gibt es hier wenig zu diskutieren.

© Springer Fachmedien Wiesbaden 2016
S. Chies, *Change Management bei der Einführung neuer IT-Technologien,*
essentials, DOI 10.1007/978-3-658-11635-4_7

7.1 Regelmäßige Sitzungen/Treffen

Ein intensiver Austausch ist essenziell für die Projektarbeit, insbesondere zwischen den Projektmitarbeitern. Bei Sitzungen wird häufig diskutiert, gestritten und nach Lösungen gesucht. Aus diesem Grund werden verschiedene Arten von regulären Meetings in der Rubrik Beteiligung aufgeführt, wie z. B.:

- Sitzungen der Geschäftsleitung
- Sitzungen mit dem Steuerungsausschuss
- Projekt-Management-Sitzungen am Hauptstandort
- Statussitzungen der globalen Teilbereiche (streams)
- „Gipfeltreffen" am Hauptstandort
- GPD (Global Process Developer)-Sitzungen am Hauptstandort

Das „Gipfeltreffen" ist keine Sitzung mit Tagesordnungspunkten, sondern ein wöchentliches, morgendliches Treffen von einer Stunde, bei der Kaffee und Croissants (in der Schweiz „Gipfel" genannt) angeboten werden. Dieses Kommunikationsgefäß ermöglicht den Dialog über die Linien- und Projektstrukturen hinweg. Dementsprechend wichtig ist es, daß sich das Top-Management hier regelmäßig blicken lässt.

7.2 Projekt-/Meilenstein-Aktivitäten

Diese Art von Aktivitäten hängt eng mit dem High-Level-Plan zusammen und ist dementsprechend von langer Hand planbar. Da sich bei der Einführung von ERP-Systemen die intensive Arbeit lange auf einer abstrakten Ebene fortbewegt und Resultate kaum konkret sichtbar sind, motiviert es, erreichte Ziele und Meilensteine zu zelebrieren. Erfolge zu feiern, ist in solchen Projekten besonders wichtig.

Kick-off
Der Kick-off bildet den offiziellen Start der Veränderung, obwohl davor natürlich bereits viel Klärungsarbeit geleistet worden ist. Im Kick-off werden die bisher erarbeiteten Resultate weitergegeben.

Tab. 7.1 Aufbau eines Kick-offs

1. *Informationen im Plenum (30') zu folgenden Inhalten*
Vision zum Change vorstellen; sie soll Emotionen ansprechen
Veränderungsziel und Plan der Veränderung aufzeigen
Veränderungsprojekt-Organisation präsentieren
Das Bestehende, Bewährte wertschätzen, Stolz auf Bisheriges zelebrieren
Dringlichkeit für Change, im Sinne der Perspektive aufzeigen
Die Wichtigkeit der Beiträge eines jeden Einzelnen hervorheben
So realistisch wie bereits möglich aufzeigen, was die kommende Veränderung für Betroffene bedeutet, ohne Schönfärberei und Schwarzmalerei
2. *Workshops (50')*
Der Workshop soll Gelegenheit bieten, Fragen zu stellen, auf das Gehörte zu reagieren und insbesondere Hoffnungen und Ängste anzubringen
Es erfolgt eine Aufteilung in Gruppen à zehn Teilnehmer, jede Gruppe erhält einen separaten Arbeitsraum
Pro Gruppe braucht es einen Facilitator, der moderiert und die Fragen zusammenträgt. Es sollte sich idealerweise um eine Führungskraft handeln, die das neue Veränderungsprojekt kennt und gewisse Fragen bereits beantworten kann
Pause (20')
3. *Feedback aus den Workshops im Plenum (60')*
Fragen aus den Workshops werden präsentiert und beantwortet
Unbeantwortete Fragen werden entgegengenommen. Zeitpunkt für deren Klärung und Kommunikationsweg der Klärungen zu den Teilnehmern wird bekanntgegeben
Weiteres Vorgehen wird aufgezeigt
Apéro

Bei der Zielgruppe des Kick-offs handelt es sich zu diesem Zeitpunkt um Personen, die bei der Vorbereitung des Systems beteiligt sind. Dazu gehören

- interne und vielleicht externe Fachleute, die einen IT-Hintergrund mitbringen,
- ausgewählte Fachleute aus dem Tagesgeschäft, die bestehende Abläufe und Prozesse gut kennen und entsprechend benennen können,
- zahlreiche Vertreter aus dem Top-Management, die die Veränderung mit ihrer Anwesenheit symbolisch unterstützen.

Die Gliederung eines Kick-offs ist in Tab. 7.1 dargestellt.

Meilenstein-Partys
Mindestanforderung:

* Eine verständlich verfasste Dankesrede eines Top-Managers mit Blick auf die erreichten Ziele ist das absolute „must" einer solchen Veranstaltung.
* Teilnehmer werden nach der Rede zum Aperitiv und vielleicht einem Essen eingeladen.

Mögliche Ergänzungen: Kleine oder größere, professionelle Unterhaltungseinlagen verleihen dem Anlass erst den richtigen Festcharakter, wie z. B.:

* Musikeinlage mit Liedern, die inhaltlich zum Veränderungsprojekt passen
* Comedy-Einlagen zum Thema
* Zauberei-Einlage
* Sogenannte „komische Kellner", die sich unter die Gäste mischen und das Publikum mit ihrem Klamauk erheitern.
* Bauern-Olympiade: In einem Event-Lokal messen sich die Projektmitarbeiter im Holzsägen, Hufeisenwerfen etc. Der Sieger wird in der Intranet Website vorgestellt.
* Gemeinsamer Ausflug auf einen eindrücklichen Berg mit Gondelbahn-Fahrt: Erfahrungsgemäß schätzen asiatische und osteuropäische Mitarbeiter, die z. B. für Integrationstests eingeflogen wurden, solche Aktivitäten besonders.

Nicht jede Meilenstein-Party braucht große Investitionen. Zwischendurch macht ein gewisser Aufwand jedoch Sinn, da er den Zusammenhalt zwischen den zunehmend vom Arbeitsaufwand strapazierten Projektmitarbeitern fördert. Die Gruppe soll die Möglichkeit erhalten, sich als Gruppe zu zelebrieren.

Präsentation der Blueprint-Ergebnisse vor Top-Management
Ähnlich wie beim Kick-off erfolgt auch die Präsentation der bestehenden und vor allem anzustrebenden Prozessdefinitionen aus der Blueprint-Phase in drei Schritten (siehe Tab. 7.2).

Tab. 7.2 Aufbau einer Präsentation der Blueprint-Ergebnisse

1. *Informationsteil (10' plus 5 × 10')*

Nach einer Begrüßung im Plenum werden Informationen über die erzielten Resultate durch die beteiligten Business-Kenner vorgestellt. Dies erfolgt unter maximaler Nutzung von Visualisierungen (Pinnwand, Power Point etc.)

Empfehlenswert ist die Nutzung der „Markthallen"-Methode

Die Teilnehmer teilen sich in Gruppen auf und begeben sich innerhalb fest definierter Zeitfenster von „Marktstand" zu „Marktstand"

Jeder Geschäftsbereich (CRM, HCM, SCM etc.) verfügt über einen „Marktstand", bei dem die Prozesse präsentiert werden

Es dürfen Klärungsfragen gestellt werden. Diskussionen sind an dieser Stelle noch nicht erlaubt

2. *Workshop-Teil (50')*

Die anwesenden Top-Manager erhalten auf ihre weiterführenden Fragen zur Präsentation Antworten und erteilen Feedback zum Gehörten

Je nach Anzahl Beteiligter (gemäß Projektumfang) findet dieser Teil im Plenum statt oder in Gruppen mit max. zehn Teilnehmenden

Pro Gruppe braucht es einen Facilitator, der moderiert und die Fragen zusammenträgt

Bei der Gruppenaufteilung kann bewusst darauf geachtet werden, dass die Anwesenden in möglichst heterogene (möglichst verschiedene Geschäftsbereiche umfassend) oder homogene Gruppen aufgeteilt werden

Je heterogener die Gruppen, umso mehr Zeit braucht der Findungsprozess eines gemeinsames Nenners und einer gemeinsamen Sprache. Dafür wird dem Denken in „Silos" – also dem ausschließlichen Verfolgen der Interessen des eigenen Geschäftsbereiches – entgegengewirkt

Pause (20')

3. *Feedback aus den Workshops im Plenum (50')*

Rückmeldungen werden im Plenum zusammengetragen

Resultierende Baustellen werden definiert

Das weitere Vorgehen wird aufgezeigt

7.3   Unregelmäßige Sitzungen/Konflikt-Management

Kommissar Columbo statt Vogel Strauß

Konflikt-Management ist im Rahmen von Change Management eine spannende Herausforderung. Hier ist es als People-Involver von Vorteil, über verschiedene Methoden zu verfügen, um unterschiedliche Arten von problematischen Ausgangslagen wirkungsvoll angehen zu können. Nebst dem Methodenwissen gilt es, der meist eskalierten Situation nicht mit Angst, sondern mit Neugier und Entdeckungslust zu begegnen. Würden wir „in der Hitze des Gefechts" manchmal am liebsten „den Kopf in den Sand stecken" – wie der Vogel-Strauß –, so hilft es, sich an Kriminalinspektor Columbo aus der gleichnamigen Fernsehserie zu erinnern.

Für jüngere Semester eine kurze Beschreibung von Columbos Verhalten: Gerät er in brenzlige Situationen, so krempelt er den Kragen seines Trenchcoats hoch, gibt sich stets ahnungslos und stellt – einmal mehr – die entscheidenden Grundsatzfragen, nutzt dabei seine Unwissenheit als Arbeitsinstrument.

Es geht also darum, einen genauen Blick auf die momentane Ausgangssituation zu werfen, ohne bereits in Lösungskategorien zu denken. Dies ist leichter gesagt als getan, liegt es doch „in der Natur des Menschen", sich sogleich mit Lösungsideen zu beschäftigen. Roth (2003, S. 298) hat hierzu eine neurophysiologische Erklärung, wonach Gefühle den Verstand eher beherrschen als umgekehrt. Je größer und belastender ein Problem wird, umso eher setzt sich das emotionale System durch und bestimmt unsere Verhaltensweisen. Dabei wird die angetroffene Situation anhand weniger Details bewertet. Stehen wir unter Druck, so besteht eine Gefahr darin, dass wir die erste Lösungsidee gleich übernehmen und nicht mehr offen sind für weitere Möglichkeiten. Sind wir uns dieses Mechanismus bewusst, so können wir ihm eher ein Schnippchen schlagen und dafür sorgen, unter Druck nicht „hirnlos" und impulsiv zu reagieren.

Von der Analyse der Ausgangslage zur richtigen Reaktions-Methode
In einem ersten Schritt wird die angetroffene Situation analysiert, um in einem Folgeschritt die richtige Methode auszuwählen.

Als Analogie folgender Vergleich: Liegt ein ohnmächtiger Mann auf dem Boden, so macht es Sinn zu wissen, ob er an einem Herzinfarkt, zu wenig Insulin oder zu viel Alkohol leidet. Dementsprechend unterscheiden sich die Behandlungen deutlich voneinander.

Bei den unten aufgeführten Methoden ist die Trennschärfe für die Auswahl der richtigen Methoden etwas weniger klar. Dennoch lohnt es sich, den Grundcharakter der verstockten Ausgangslage zu identifizieren. Dies zeigt eine Auswahl an Situationen, wie sie im Rahmen einer ERP-Einführung häufig anzutreffen sind (siehe Tab. 7.3).

Für alle aufgeführten Situationen gilt: Zeigen sich innerhalb einer Ausgangslage größere Schwierigkeiten und fortgeschrittene Eskalationen, so wird die Hinzunahme einer ausgewiesenen Fachperson (Konfliktmanager, Mediator, Teamentwickler etc.) unbedingt empfohlen.

Tab. 7.3 Herausfordernde Aufgangslagen und geeignete Reaktions-Maßnahmen)

Zwei Personen (oder Teams, Abteilungen, Einheiten) müssten zusammenarbeiten und geraten stattdessen aneinander	⇨	Rollenklärung
Es gibt Meinungsverschiedenheiten, die aber nicht zu persönlichen Angriffen führen		
In einem übergeordneten Sinn ist für alle klar, welches Ziel sie gemeinsam, als Team oder Abteilung, verfolgen müssen		
Im Vordergrund steht die Frage, wer für welche Aufgaben zuständig ist und wer welche Erwartungen an wen hat		
Ziel ist es, die Zusammenarbeit zu verbessern		
Zwei Personen (oder Teams, Abteilungen, Einheiten) müssten zusammenarbeiten, geraten jedoch aneinander	⇨	Konflikt-Management
In einem übergeordneten Sinn ist nicht (mehr) eindeutig klar, welches Ziel sie gemeinsam, als Team oder Abteilung, verfolgen müssen		
Die Stimmung ist feindselig, persönliche Attacken sind zu beobachten		
Es ist länger nichts dagegen unternommen worden, die Situation ist eskaliert		
Ziel ist es, die Zusammenarbeit zu verbessern		
Es herrscht Chaos und steckt viel „Sand im Getriebe"	⇨	Systematisches Lösen von Problemen
Die Situation ist diffus. Niemand kann konkret sagen, worum es geht		
Ein Team ist neu zusammengestellt worden und muss sich in dieser noch unbekannten Konstellation finden	⇨	Teamentwicklung
Das Team arbeitet während einer ausgewählten Projektphase zusammen und löst sich danach wieder auf		
Es muss während der kommenden Wochen eine hohe Leistung erbringen		

7.4 Rollenklärung

An Personen, die im Rahmen einer Organisation oder eines sozialen Systems (Chies und Lippmann, S. 212) eine bestimmte Position innehaben, werden von „den anderen" (Vorgesetzte, Mitarbeitende, Kollegen, Kunden etc.) bestimmte Erwartungen gerichtet. Eine Rolle wird durch ein solches Set an Erwartungen definiert. Innerhalb einer Organisation kann eine Person mehrere Rollen einnehmen.

Wie gut eine Rolle eingenommen wird, hängt davon ab, wie gut jemand eigenen und fremden Ansprüchen bzw. Erwartungen gerecht werden kann. Ist die Zusammenarbeit zwischen verschiedenen Parteien nicht zufriedenstellend, so macht es Sinn, gegenseitige Erwartungen zu klären. Die Chancen für eine erfolgreiche Rollenklärung sind höher, wenn eine außenstehende Person diese moderiert. Dabei gilt es, nicht nur Defizite anzusprechen, sondern genauso bestehende Ressourcen aufzuzeigen. Folgende Fragen stehen im Zentrum:

- Welche Verhaltensweisen des Gegenübers sind für die gute Zusammenarbeit förderlich?
- Von welchen Verhaltensweisen braucht es für eine gute Zusammenarbeit mehr oder weniger?

Ein möglicher Ablauf sieht folgendermaßen aus:

Schritt 1 Beide Parteien notieren auf Pinn-Karten erwünschte und zu verändernde Verhaltensweisen des Gegenübers. Das sieht wie in Tab. 7.4 dargestellt aus.

Tab. 7.4 Mögliche Inhalte einer Rollenklärung

Erwartungsklärungen zwischen A. Amstutz (Projektleiter) und B. Borer (IT-Leiter)	
A. Amstutz an B. Borer	B. Borer an A. Amstutz
Bestehende Verhaltensweisen, die eine gute Zusammenarbeit fördern (bitte beibehalten)	Bestehende Verhaltensweisen, die eine gute Zusammenarbeit fördern (bitte beibehalten)
Pünktlichkeit	Gute Haltung Kunden gegenüber
Humor	Guter Netzwerker
Fachlich kompetente Hinweise	Stellt gute IT-Kenntnisse ganzem Team zur Verfügung
Wertschätzender Umgang mit Kunden	
Bestehende Verhaltensweisen, von denen ich mir für eine gute Zusammenarbeit mehr oder weniger wünsche	Bestehende Verhaltensweisen, von denen ich mir für eine gute Zusammenarbeit mehr oder weniger wünsche
Mehr Nachfragen, wenn Abläufe unklar sind	Keine E-Mails an den Wochenenden
Mehr Einbringen bei fachlichen Diskussionen	Bessere Abgrenzung bei hohem Arbeitsdruck
Höhere Flexibilität bzgl. Arbeitszeiten bei hoher Arbeitslast	Wird unter Druck gereizt
	Reißt Arbeit an sich und jammert wegen Überforderung

Schritt 2 Beide Parteien stellen einander die Pinn-Karten vor. Diese Art von Rollenklärung steht dem Erteilen von Feedback sehr nahe. Das Gegenüber darf Klärungsfragen stellen. Rechtfertigungen auf kritische Rückmeldungen sind in diesem Schritt nicht erwünscht.

Schritt 3 Die beiden Parteien lassen die Wünsche des Gegenübers auf sich wirken.

*   Dort, wo es passend erscheint, können formulierte Wünsche nach einer Verhaltensänderung gleich mit einer Zusage kommentiert werden.
*   Ein kritisches Feedback gilt nicht als Wunsch, der um jeden Preis umgesetzt werden muss. Eine unerfreuliche Rückmeldung kann vorerst zur Kenntnis genommen werden. Später kann die „befeedbackte" Person mitteilen, ob sie den Wunsch des Gegenübers berücksichtigen will oder nicht. Wichtig ist es, eine klare Abmachung zu vereinbaren, zu welchem Zeitpunkt eine (akzeptierende oder ablehnende) Rückmeldung zu einer erwünschten Verhaltensänderung erfolgt.

7.5 Konflikt-Management

Glasl (1994, S. 14 f.) definiert soziale Konflikte folgendermaßen:

Sozialer Konflikt ist eine Interaktion

*   zwischen Aktoren (Individuen, Gruppen, Organisationen usw.),
*   wobei wenigstens ein Aktor
*   Unvereinbarkeiten
    - im Denken
    - Vorstellen
    - Wahrnehmen
    - und/oder Fühlen
    - und/oder Wollen
*   mit dem anderen Aktor (anderen Aktoren) in der Art erlebt,
*   dass im Realisieren eine Beeinträchtigung
*   durch einen anderen Aktor (die anderen Aktoren) erfolge.

Es reicht also, wenn eine Partei sich von der anderen behindert fühlt, um von einem sozialen Konflikt zu sprechen. Dies kann sogar dann der Fall sein, wenn die behindernde Partei nichts von ihrer Wirkung weiß.

Konflikte können ganz unterschiedliche Eskalationsstufen annehmen, die Glasl (1994) genauer erläutert hat. An dieser Stelle wird auf eine Beschreibung verzichtet. Wichtig ist aber der Hinweis, nicht zu lange mit einer Reaktion zu warten. Spätestens wenn Konfliktparteien Koalitionen mit Außenstehenden bilden, das Image einer Konflikt-Partei gezielt in den Schmutz gezogen wird oder wenn gar Drohungen ausgesprochen werden, gilt es, Fachleute miteinzubeziehen.

Ist die Situation noch nicht derart verfahren, ist eine Vorgehensweise gemäß dem Harvard-Konzept eine mögliche Vorgehensweise. Beim Verhandeln nach Harvard besteht das Ziel darin, einen möglichst großen gemeinsamen Nenner zu finden. Dabei gilt es, die Perspektiven aller beteiligten Parteien zu berücksichtigen und deren Positionen und Interessen zu verstehen.

Zum Harvard-Konzept existiert mittlerweile viel Literatur. Grundlagen dafür stammen aus dem Buch von Fisher und Ury, das 1981 in den USA und 1984 erstmals auf Deutsch erschienen ist.

Positionen und Interessen separat betrachten
Die Unterscheidung zwischen Positionen und Interessen mag Ungeübten zu Beginn etwas schwerfallen:

- Positionen sind klare Entscheidungen oder deutliche Statements zu einer Fragestellung.
- Interessen beschreiben Wünsche, Motive und Ängste, die mit der Wahl einer Position verbunden sind.

Wird zu lange um Positionen gefeilscht, so steigt das Risiko, dass die Beziehung zwischen den Parteien zunehmend in Schieflage gerät.

Unterschiedliche Positionen zu haben bedeutet nicht zwingend, dass auch die Interessen verschieden und inkompatibel sind:

Dies zeigt das Beispiel einer Krise während der Blueprint-Phase: Der Projektleiter (A. Amstutz), der die neue ERP-Technologie einführt, will ein im Hause entwickeltes altes IT-Tool XY durch SAP ersetzten. Der Leiter Kundendienst (C. Colli) möchte das Tool XY hingegen behalten. Die beiden Herren sind sich mittlerweile spinnefeind.

Spannend ist es nun, nach den dahinterliegenden Interessen zu fragen. Die Antworten auf diese Fragen lassen sich idealerweise wie in Tab. 7.5 dargestellt visualisieren:

Fazit der Gegenüberstellung:

Konstruktive Aspekte:

- Der gemeinsame Nenner der beiden Herren liegt bei den Sorgen um Finanzen und Wohlergehen der Organisation, auch wenn sie darauf mit entgegengesetzten Maßnahmen reagieren wollen.
- Zudem sind beide in einem anderen Bereich Fachleute und wollen ihre Expertise berücksichtigen. Sie beide wollen eine fachlich gute Basis.

Tab. 7.5 Gegenüberstellung zweier Konfliktparteien

Beteiligte Konfliktparteien	
A. Amstutz (Projektleiter)	C. Colli (Leiter Kundendienst)
Positionen	
Kundendienst-Tool XY durch SAP ersetzten	Kundendienst-Tool XY beibehalten
Interessen	
Angst, Budgetrahmen des Projektes wegen maßgeschneiderter Systemanpassung an Tool XY zu sprengen > Sorgen um Finanzen und Wohlergehen der Organisation	Angst, den Kunden mit einem neuen Tool, das vielleicht nicht sogleich funktioniert, zu verärgern und zu verlieren > Sorgen um Finanzen und Wohlergehen der Organisation
Gute Erfahrungen mit SAP, A. Amstutz möchte deshalb mehr desselben > Expertise und Sicherheit	C. Colli hat jahrelang das Tool XY mitentwickelt. Es ist sein „Baby" > Identifikation
Herr Amstutz möchte dem CEO beweisen, dass er sich gegenüber C. Colli durchsetzen kann > Macht	Niemand kann Tool XY so gut bedienen wie C. Colli > Expertise und Macht

Erschwerende Aspekte:

• Beide wollen Macht ausüben.

Unterschiede:

• Mit der Abschaffung von Tool XY verliert Herr Colli sein Identifikationsobjekt.

Richtungen für weitere Klärungs-Schritte:

• Gibt es sachliche Entscheidungs-Kriterien, die beweisen, dass entweder das Tool XY oder die Best-Practice-Lösung von SAP passender ist? Welche finanziellen Folgen hat die eine oder andere Entscheidung?
• Wäre es möglich, C. Colli so zu qualifizieren, dass er in Bezug auf den Kundendienst-Teil der SAP-Lösung erneut zum ausgeprägten Wissensträger wird und sich mit dieser Lösung ebenfalls stark identifizieren kann?
• Das Thema Macht braucht nicht zwingend hervorgehoben zu werden, es sein denn, es kommt wiederholt zum Vorschein.

7.6 Systematisches Lösen von Problemen

Im Rahmen einer ERP-Einführung sind Situationen anzutreffen, in denen „Sand im Getriebe" steckt und die Ursache nicht geklärt ist. Eine strukturierte Vorgehensweise im Lösen von Problemen bringt einen wertvollen Überblick, mit Bezug zum Problemlösungszyklus (Vetter und Chies 2013, S. 169), wie in Abb. 7.1 dargestellt.

Beispiel einer Blockade in der Testphase: Die in der Blueprint-Phase festgelegten Prozesse sind programmiert worden. Nun gilt es, diese auf ihre Funktionalität hin zu prüfen. Dabei wird ein Alltag mit möglichen Testszenarien simuliert, wie sie im Geschäftsalltag anzutreffen sind. Die Testphase wird global simultan durchge-

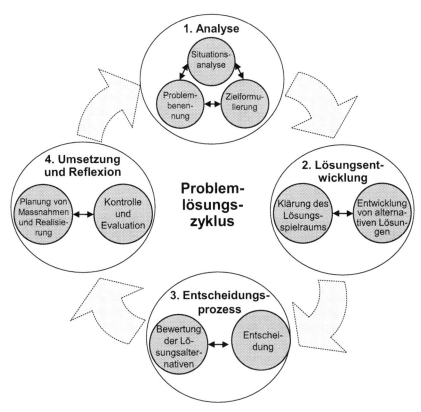

Abb. 7.1 Problemlösungszyklus, kreisförmige Darstellung. (Quelle: Vetter und Chies 2013)

führt, an Standorten in Asien, Ost- und Zentraleuropa. Es finden regelmäßige Telefonkonferenzen mit den regionalen Koordinatoren und der Projektleitung statt. Das Eintreffen von Fehlermeldungen im System und die Bestätigung funktionierender Abläufe ermöglichen der Projektleitung eine Kontrolle der Testaktivitäten. Wie immer besteht hoher Zeitdruck. Aus unklarem Grund werden die Testaktivitäten in Indien in deutlich kleinerem Umfang durchgeführt, trotz der hohen Anzahl an hochqualifizierten, indischen SAP-Fachleuten (siehe Tab. 7.6).

Tab. 7.6 Maßgebende Fragen während eines Klärungsmeetings

Maßgebende Fragen während eines Klärungsmeetings	Beispiel Testphase in Indien
Analysephase	*Konkretes Beispiel*
Worin besteht das eigentliche Hindernis zwischen Ist und Soll?	Ist-Zustand: Inder testen zu wenig
	Soll-Zustand: 60 % der Tests sollten zu diesem Zeitpunkt durchgeführt sein
Wie benennen andere Beteiligte, Betroffene, Außenstehende das Problem?	*Problembündel*
	Die SAP-Fachleute sind zwar im Testraum, erledigen in dieser Zeit aber Arbeiten aus der Linie
	Dringlichkeit des Testens wird zu wenig erkannt
	Es gibt einige unentschuldigte Abwesende
	Management der Legal Unit Indien ist nicht präsent
	Identifikation mit SAP-Einführungsprojekt ist insgesamt zu gering
	Soll-Zustand wird durch folgenden Punkt ergänzt
	SAP-Crew sowie Top-Management in Indien müssen ins Boot geholt werden
Lösungsentwicklung	*People Involver*
Sind die Rahmenbedingungen (lokale, personelle, rechtliche, finanzielle, strukturelle) zutreffend eingeschätzt (Spielraum)?	Kann sämtliches Personal der Legal Unit hinzuziehen
	Darf daneben keine größeren Zusatzkosten generieren
	Muss rasch etwas bewirken
	Wahrung von Gesichtsverlust ist wichtig
	Mögliche Lösungen
	Top-Management wird besser über SAP-Einführung informiert

Tab. 7.6 (Fortsetzung)

Maßgebende Fragen während eines Klärungsmeetings	Beispiel Testphase in Indien
Wie sehen mögliche Lösungen aus?	SAP-Crew wird Wichtigkeit ihres Beitrages und Gehalt ihres Potenzials aufgezeigt
	SAP-Crew wird täglich noch expliziter über Projekt informiert
	Es wird ein spielerischer Wettbewerb mit den anderen Standorten inszeniert, und zwar in Bezug auf die Menge der getesteten Prozesse: Sind die Chinesen und Schweizer wirklich besser und schneller als die kompetenten Inder?
	Es wird eine Absenzen-Liste geführt
	Es gibt besonders schmackhafte „Testing-Lunches" im Personal-Restaurant, inkl. Give-ways
	Jeden Morgen hält ein Top-Manager eine Motivationsrede
Entscheidungsprozess Welche Lösung soll ausgewählt werden? Welche Maßnahmen werden getroffen?	Alle Lösungsvorschläge können umgesetzt werden
Umsetzung und Reflexion Wer kontrolliert Umsetzung von Maßnahmen und Zielerreichung insgesamt?	Die Inder erhöhen ihre Testaktivität messbar und erreichen am Ende der Testphase ein gutes Resultat

7.7 Teamentwicklung

Im Rahmen einer IT-Einführung müssen wechselnde Personengruppen vorübergehend miteinander arbeiten können, bilden ein zeitlich befristetes Team. Oftmals mischen sich dabei externe Fachpersonen mit internen Mitarbeitern aus dem Business sowie der IT-Abteilung.

Erschwerend für die Zusammenarbeit solcher Teams ist:

• deren Heterogenität: Unterschiedliche Kulturen treffen aufeinander, was häufig bereits an den unterschiedlichen Kleidungsstilen ersichtlich ist: Die externen Berater kommen im Anzug daher, die internen Mitarbeiter sind casual angezogen.
• Interne Mitarbeiter orientieren sich im Normalfall an den üblichen Arbeitszeiten, die externen Mitarbeiter kommen häufig früher und gehen später,

- Die externen Mitarbeiter verdienen mehr, zumindest vermuten das die intern Angestellten.
- Das Team wird mit einem hohen Zeitdruck konfrontiert.
- Die internen Mitarbeiter kennen die Organisationskultur besser und die Externen sind mit der einzuführenden IT-Technologie vertrauter. Wer hat nun die Definitionsmacht?
- Die Externen repräsentieren die Veränderung, die nicht bei allen Internen willkommen ist.

Es mangelt nicht an Konfliktpotenzial. Deshalb lohnt es sich, die „Warming-up"-Phase zwischen den Mitarbeitern abzukürzen, zumal die Zeit meistens drängt und eine gute Zusammenarbeit entscheidend ist für das fristgerechte Voranschreiten der Arbeit.

Verschiedene Inhalte passen gut in solche Teamentwicklungen:

Fachliche Inhalte:

- Aufzeigen von gemeinsamen Zielen. Was bedeutet das übergeordnete Projektziel für die Versammelten und für ihren konkreten Arbeitsalltag?
- Welche Rollen werden im Rahmen des versammelten Teams eingenommen? Wo sind gegenseitige Erwartungen zu klären?
- Wie sieht die Detail-Planung für diese Personengruppe aus?

Teamebene:

- Welche Stärken hat dieses Team?
- Was hat es bisher bereits geleistet?
- Wie stehen die einzelnen Teammitglieder zur angekündigten Veränderung? Worauf hoffen sie und was befürchten sie?

Persönliche Ebene:

- Wer ist wie alt?
- Infos zu Herkunft, Familie, Hobbys, …
- Wer hat am Vorabend für welche Fußballmannschaft mitgefiebert?
- etc.

Aktivitäten: Nach einem Austausch im Workshop-Stil empfiehlt sich eine soziale Aktivität: Essen, Kegeln, Karaoke usw. Und idealerweise wird noch ein Gruppenfoto für die Intranet-Website geschossen.

7.8   Zentrale Fragen zum Kernthema Beteiligung

- Wird gemeinsam nach Lösungen für offene Fragen gesucht?
- Wird Raum geboten, um Freude, Frust und Ängste auszudrücken?
- Ist aufgezeigt, welcher Rahmen gegeben ist und welcher selber gestaltet werden kann?
- Sind Rollen und Aufgaben klar definiert?
- Entscheidungsspielraum für Zielgruppe benennen: Wo können Betroffene mitreden?
- Werden Wünsche wo immer möglich und sinnvoll berücksichtigt?
- Wird aufgezeigt, was Teilnehmende noch lernen werden?
- Wird an vergangene Erfolge erinnert und Zuversicht vermittelt?
- Sind die richtigen Top-Manager zum richtigen Zeitpunkt am richtigen Ort?

Qualifizierung

8

Mit Qualifizierung sind Wissen erweitern, Lernen und praktische Befähigung gemeint, die es Mitarbeitern und künftigen End Usern ermöglichen, eine Funktion nach der Veränderung neu einzunehmen bzw. trotz der Veränderung beizubehalten. Das schließt die Kenntnis von neuen Prozessen und den Umgang mit neuen Templates genauso ein wie die Kenntnis neuer Rollen.

Unter Qualifikation sind zudem Trainings aufgeführt, die es Zuständigen ermöglichen, Aufgaben während der ERP-Entwicklung mit Erfolg wahrzunehmen. Qualifizierung findet grundsätzlich während aller Phasen einer ERP-Einführung statt. Ausgewählte Beispiele dazu:

Project Preparation-Phase

Top-Management und Steuerungsausschuss lernen in dieser Phase vieles über die einzelnen Schritte einer ERP-Einführung, verbunden mit neuen Fachbegriffen und Betrachtungsweisen (z. B. in Prozessen statt Funktionen zu denken). Sie erfahren aufgrund der Vorstudie, wo die Organisation mit ihrem bisherigen IT-System Stärken und Schwächen hat.

Blueprint-Phase

Das Aufzeigen bisheriger Arbeitsprozesse ist eine herausfordernde Aufgabe für die bisherigen Business-Vertreter. Diese sind es gewohnt, im Rahmen bestehender Funktionen und „Silos" zu denken, und sollten nun aktuelle und zukünftige Prozesse benennen. Dies erfordert ein Abstraktionsverständnis, das die meisten in ihrem üblichen Arbeitsalltag nicht benötigen. Die Definition künftiger Prozesse überfordert die Vertreter aus dem „Daily Business" regelmäßig.

Werden aber keine eindeutigen Zukunfts-Prozesse definiert, so fehlt die Grundlage für alle Folgeschritte. Es herrscht ein hoher Druck auf den Vertretern des Business.

© Springer Fachmedien Wiesbaden 2016
S. Chies, *Change Management bei der Einführung neuer IT-Technologien,*
essentials, DOI 10.1007/978-3-658-11635-4_8

Qualifikationsbedarf für Business-Vertreter:

* Lernen, in Prozessen zu denken
* Blick für das Wesentliche erkennen
* Projektziele und High-Level-Plan insgesamt verstehen

Während der Blueprint-Phase wird in Workshops gearbeitet, die von ERP-Kennern geleitet werden. Dabei handelt es sich häufig um externe Berater. Solche Sitzungen können sehr emotional werden, da die Versammelten keine neuen Prozesse wollen, sofern sie zu viele Veränderungen und einen möglichen Statusverlust mit sich bringen könnten. Die Workshop-Leitungen haben eine vielseitige Aufgabe und müssen entsprechend qualifiziert werden:

Qualifikationsbedarf für Workshop-Leitungen:

* Sie müssen in der Lage sein, Businessvertreter beim Artikulieren ihrer Bedürfnisse zu unterstützen.
* Sie brauchen Verständnis für verschiedene Kulturen und Ausdrucksweisen von Internen/Externen.
* Sie benötigen Kenntnisse zu Moderations-Techniken. Deshalb empfiehlt sich eine Schulung in Moderation.
* Sie sollten in der Lage sein, schwierige Situationen und Konflikte konstruktiv anzupacken. Kenntnisse in Konfliktmanagement und Verhandlungstechnik via entsprechende Schulung helfen dabei.

Realization-Phase
In dieser Phase werden unter vielem anderem die Job-Rollen definiert und die entsprechenden Schulungen für Key User und End User vorbereitet. Es braucht dafür entsprechende User Manuals, die in der Regel von den Global Process Developers (GPDs) verfasst werden. Diese werden auch die Key User schulen.

Qualifikationsbedarf für Global Process Developer:

* Die Autoren der User Manuals verfügen nicht immer über entsprechendes didaktisches Know-how, um ein solches Manual zu gestalten. Zudem ist das Vermitteln von Inhalten häufig eine neue Aufgabe für sie. Mit einer Methodik-Didaktik-Weiterbildung kann beidem entgegengetreten werden.

Am Ende dieser Phase sollten die Key User in der Lage sein, ihre spezifischen Rollen mit den dazugehörenden Prozessschritten so gut zu verstehen, dass sie die End User entsprechend schulen können.

Qualifikationsbedarf für Key User:

- Verständnis für die Folgen einer Key-User-Ernennung besitzen
- Kenntnis der neuen ERP-Job-Rolle. In den Tests lernen Rollenträger das neue ERP-System am besten kennen.
- Methodik-Didaktik-Weiterbildung

Final Preparation & Go live
In Bezug auf die Qualifizierung steht die Weiterbildung der End User im Mittelpunkt dieser Phase. Inhaltlich geht es darum, neue Jobrollen zu erklären, Prozesse aufzuzeigen und sie pragmatisch auszuprobieren.

Je nach Anzahl Auszubildender gilt es zahlreiche Schulungs-Einheiten zu organisieren, was einen sehr großen Aufwand bedeuten kann. Dazu gehören Punkte wie:

- Organisation von Schulungsräumen,
- Klären von möglichen Terminen und Zeiten, was bei interkontinentalen virtuellen Trainingseinheiten herausfordernd sein kann,
- Teilnehmer einladen,
- technische Vorbereitungen treffen, um auf dem System üben zu können,
- Kursevaluationen durchführen sowie auswerten und Feedback weiterleiten.

8.1   Zentrale Fragen zum Kernthema Qualifizierung

1. Welche Personen übernehmen *während* welchen Projekt-Phasen spezielle Aufgaben?
2. Welche Personen übernehmen *nach* Projektende neue Aufgaben?
3. Welche Personen brauchen bis zum Projektende eine Weiterbildung, um ihre bestehende Aufgabe beibehalten zu können?

Für alle drei Personengruppen gelten weiterführende Fragen:

- Kennen sie die damit verbundenen Rollen?
- Sind sie für diese Aufgaben vorbereitet?
- Welche Trainings oder Kenntnisse brauchen sie?
- Wer übermittelt ihnen diese Kenntnisse?
- Sind diese Wissensvermittler fachlich und methodisch-didaktisch darauf vorbereitet, dieses Wissen zu vermitteln?
- Wer hat Erfahrungen mit der Organisation einer entsprechend umfassenden Schulung? Kann diese Person hinzugezogen werden?

Ausblick

Die nächste Einführung eines ERP-Systems kommt bestimmt.

Für arbeitspsychologische Fachkräfte ist es zwingend, sich mit Veränderungen zu befassen, die durch solche Technologien bedingt sind. Möglichkeiten, um Kollateralschäden und Leiden der Mitarbeitenden durch People Involvement zu verringern, gibt es zuhauf.

Für Top-Manager und Anbieter von ERP-Systemen ist es hilfreich, sich zu Beginn einer IT-Einführung mit den zwischenmenschlichen Aspekten einer IT-Einführung auseinanderzusetzen und damit „emotionalen" Sand aus dem Getriebe zu holen. Technisches und psychologisches Wissen gilt es zu verbinden und Synergien zu nutzen.

Grundsätzlich ist schon ein wichtiger Schritt getan, wenn eine Organisation bereits zu Projektbeginn beschließt, Zeit und Geld in das People Involvement bzw. in das überfachliche Change Management zu investieren.

Handelt es sich um eine kleinere Veränderung und verfügt die Projektleitung über eine ausreichende soziale Kompetenz – einer extrem wichtigen Voraussetzung –, so kann sie das fachliche Change Management sowie das People Involvement parallel verfolgen.

Bei umfangreicheren Projekten besteht das Risiko, dass die Projektleitung den fachlichen Aspekt stärker gewichtet, vor allem wenn der Zeit- und der Finanzrahmen eng werden. Der People Involver wird hingegen darauf achten, dass mit Betroffenen ausreichend kommuniziert und verhandelt wird, was wiederholt zusätzlich Geld, Zeit und Arbeit kostet. People Involver und Projektleitung haben das gemeinsame Interesse an einer möglichst reibungslosen Veränderung, verbinden aber teilweise entgegengesetzte Maßnahmen damit. People Involver und Projektleitung sollten sich nicht als Kontrahenten sehen, sondern eng und konstruktiv zusammenarbeiten.

© Springer Fachmedien Wiesbaden 2016
S. Chies, *Change Management bei der Einführung neuer IT-Technologien,*
essentials, DOI 10.1007/978-3-658-11635-4_9

Der People Involver sollte dem Projektleiter nicht direkt unterstellt sein. Stattdessen sollte er direkt an die Geschäftsleitung oder den Steuerungsausschuss des Projektes berichten und mit den entsprechenden Entscheidungskompetenzen ausgestattet sein. In Bezug auf die fachlichen Kompetenzen braucht er nicht zwingend einen IT-Hintergrund, dafür aber eine große Bereitschaft, zentrale Elemente einer ERP-Einführung zu verstehen. Als ERP-System-Fremder wird er viele hilfreiche Klärungsfragen stellen. Daneben sollte er ein breites Wissen zu Konfliktmanagement, Kommunikation und arbeitspsychologischer Prozessbegleitung besitzen.

Was Sie aus diesem Essential mitnehmen können

- Entscheidungsträger, die die Einführung einer IT-Technologie initiieren oder davon betroffen sind, erhalten weiterführende Informationen zu einer ERP-Implementierung. Daneben wird ihnen ein arbeitspsychologisches Modell mit diversen weiterführenden Grundlagen vorgestellt, das sie dabei unterstützt, Veränderungen in ihrem Betrieb zu begleiten.
- Arbeitspsychologen ergänzen ihr Wissen zu Veränderungsmanagement mit Schwerpunkt auf IT-Einführungen.
- Anbieter von IT-Technologien erfahren mehr über den Nutzen arbeitspsychologischer Begleitung während einer IT-Einführung. Daneben wird ihnen ein arbeitspsychologisches Modell mit diversen weiterführenden Erläuterungen vorgestellt, das sie unterstützt, Veränderungen in ihrem Betrieb zu begleiten.

© Springer Fachmedien Wiesbaden 2016   57
S. Chies, *Change Management bei der Einführung neuer IT-Technologien*,
essentials, DOI 10.1007/978-3-658-11635-4

Literatur

Amann, E. G. (2014). *Resilienz*. Freiburg: Haufe, Taschenguide.

Böhnke, E., Lang, A., & von Rosenstiel, L. (2005). Schritte einer SAP-Einführung aus psychologischer Sicht. In O. Kohnke & W. Bungard (Hrsg.), *SAP-Einführung mit Change Management*. Wiesbaden: Gabler.

Bungard, W. (2005). Einführung unternehmensweiter Standart-Software-Pakete. In O. Kohnke & W. Bungard (Hrsg.), *SAP-Einführung mit Change Management*. Wiesbaden: Gabler.

Chies, S., & Lippmann E. (2012). Positive Leadership – bessere Leistung durch einen „positiven" Führungsstil. In C. Steinebach, D. Jungo, & R. Zihlmann (Hrsg.), *Positive Psychologie in der Praxis*. Weinheim Basel: Beltz Verlag.

Doppler, K., & Lauterburg, C. (2014). *Change Management. Den Unternehmenswandel gestalten*. Frankfurt a. M.: Campus.

Fisher, R., & Ury, W. (1984). *Das Harvard-Konzept*. Frankfurt a. M.: Campus. (Neuausgabe: Fisher, R., Ury, W., & Patton, B. (2009)).

Glasl, F. (1994). *Konfliktmanagement. Ein Handbuch für Führungskräfte und Berater*. Bern: Haupt. (10. überarb. Auflage 2011).

Kernen, H., Chies, S., & Meier, G. (2013). Mit den eigenen Ressourcen haushalten. In T. Steiger & E. Lippmann (Hrsg.), *Handbuch Angewandte Psychologie* (4. überarb. Aufl.). Heidelberg: Springer.

Kohnke, O. (2005). Change Management als strategischer Erfolgsfaktor. In O. Kohnke & W. Bungard (Hrsg.), *SAP-Einführung mit Change Management*. Wiesbaden: Gabler.

Kotter, J. P. (1990). *A force for change: How leadership differs from management*. New York: Free Press.

Kotter, J. P. (March–April 1995). Leading change: Why transformation efforts fail. *Harvard Business Review, 59–67*.

Krähenbühl, S. (20. Juni 2012). Software mit Frustpotenzial, Zürcher Oberländer.

Landes, M., & Steiner, E. (2013). *Psychologische Auswirkungen von Change Prozessen, Ebook*. Wiesbaden: Springer.

Olsen, A. (2015). 6 Phases of any Business Software Implementation, E-Book: http://www.pcbennett.com/erp-implementation-plan-6-phases/.

Roth, G., (2003). *Fühlen, Denken, Handeln. Wie das Gehirn unser Verhalten steuert*. Frankfurt a. M.: Suhrkamp.

© Springer Fachmedien Wiesbaden 2016
S. Chies, *Change Management bei der Einführung neuer IT-Technologien,*
essentials, DOI 10.1007/978-3-658-11635-4

Saint-Exupéry, A. (1948). *Citadelle, posthum, unvollendet. Deutsche Übersetzung: Die Stadt in der Wüste*. Düsseldorf: Karl Rauch-Verlag.

Stolzenberg, K., & Heberle, K. (2009). *Change Management* (2., überarbeitete und erweiterte Auflage). Heidelberg: Springer.

Ulich, E. (1998). *Arbeitspsychologie*. (4. überarb. Aufl.). Stuttgard: Schäffer.

Vetter, H., Chies, S., & Mussmann, C. (2013). Systematisches Problemlösen. In T. Steiger & E. Lippmann (Hrsg.), *Handbuch Angewandte Psychologie* (4. überarb. Aufl.). Heidelberg: Springer.

Printed in the United States
By Bookmasters